R. V. Spanò

Oltre il Maschilismo

Analisi e Soluzioni per una Società Paritaria

Introduzione: Il Maschilismo Nella Società Moderna

Il maschilismo è una delle eredità culturali più radicate nelle società contemporanee, nonostante i numerosi progressi verso l'uguaglianza di genere. Questo fenomeno, che implica una visione del mondo centrata sulla superiorità maschile, continua a influenzare il modo in cui le donne sono trattate, percepite e valorizzate in diversi ambiti della vita quotidiana. Lo scopo di questo libro è analizzare il maschilismo nella società moderna, evidenziandone le manifestazioni e proponendo soluzioni concrete per promuovere una vera parit[1]à tra i sessi.

———————————

Capitolo 1

Maschilismo Strutturale
Come il Sistema Influenza le Relazioni di Genere

Per comprendere il maschilismo strutturale, è fondamentale analizzare le sue radici storiche. Per secoli, le società patriarcali hanno stabilito regole e norme sociali che hanno limitato il ruolo delle donne nella sfera pubblica, relegandole alla dimensione domestica e attribuendo loro ruoli subordinati rispetto agli uomini. Questa organizzazione sociale ha creato un sistema in cui gli uomini detengono il potere politico, economico e sociale, mentre le donne sono relegate a posizioni marginali o di supporto.

Esempio storico:

In molte culture antiche, il diritto di voto, l'accesso all'istruzione e la partecipazione alla vita politica erano riservati esclusivamente agli uomini. Le donne erano viste come proprietà dei loro padri e poi dei loro mariti, con limitata possibilità di autodeterminazione. Questo modello si è evoluto nel corso dei secoli, ma le sue tracce sono ancora presenti nelle strutture sociali e legali di molti Paesi.

Oggi, molte nazioni hanno introdotto leggi per garantire la parità di genere, ma il maschilismo strutturale continua a influenzare il funzionamento delle istituzioni. Le leggi, pur essendo teoricamente paritarie, non sempre vengono applicate in modo equo, e le disuguaglianze persistono a livello pratico.

Esempio attuale:

La disparità salariale tra uomini e donne è uno degli indicatori più evidenti di maschilismo strutturale. Nonostante esistano leggi che impongono la parità di retribuzione per lo stesso lavoro, le donne continuano a guadagnare meno degli uomini. Questo è dovuto a una combinazione di fattori, tra cui la segregazione occupazionale (dove le donne sono concentrate in settori meno retribuiti), la scarsa rappresentanza femminile nei ruoli di leadership e gli ostacoli che le donne incontrano nel progredire nella carriera a causa delle responsabilità familiari.

Un altro esempio di maschilismo strutturale è la sottorappresentanza femminile in politica. In molti Paesi, le donne costituiscono una minoranza nei parlamenti e nei governi, e questo ha un impatto diretto sulla creazione di politiche che favoriscano la parità di genere. Le leggi sulle quote di genere sono un passo avanti, ma non risolvono da sole il problema delle barriere culturali che limitano l'accesso delle donne al potere.

Il maschilismo strutturale si manifesta anche nella vita quotidiana in modi meno evidenti, ma altrettanto influenti. Questi comportamenti, noti come "microaggressioni", includono azioni e commenti che rafforzano i ruoli di genere stereotipati e limitano le possibilità di espressione e crescita delle donne.

Esempi di microaggressioni:

- Interruzioni durante le riunioni: Le donne vengono spesso interrotte più frequentemente rispetto agli uomini durante le riunioni di lavoro, sminuendo implicitamente la loro autorità e le loro opinioni.

- Domande sulle scelte familiari e professionali: Le donne che cercano avanzamenti di carriera vengono spesso interrogate su come gestiscono le responsabilità familiari, come se queste competenze non fossero compatibili con ruoli di leadership. Questo tipo di domande raramente viene rivolto agli uomini.

- Stereotipi di genere nei media: I media continuano a promuovere immagini di donne che rafforzano ruoli stereotipati, come quello della donna "emotiva" o "fragile", a differenza degli uomini, rappresentati come "forti" e "razionali". Questi stereotipi rafforzano inconsciamente la visione che le donne siano meno adatte a posizioni di leadership o ruoli di potere.

Le scuole e le università sono ambienti fondamentali in cui il maschilismo strutturale può essere perpetuato o contrastato. Nonostante le ragazze abbiano spesso risultati scolastici superiori rispetto ai loro coetanei maschi, continuano a essere scoraggiate dall'intraprendere carriere in ambiti scientifici, tecnologici, ingegneristici e matematici (STEM).

Esempio educativo:

In molte scuole, le ragazze ricevono meno incoraggiamenti rispetto ai ragazzi a sviluppare competenze tecniche o scientifiche, e i materiali didattici continuano a rappresentare figure maschili in ruoli di potere o professioni di alto profilo. Questo tipo di maschilismo culturale influisce sulle scelte di carriera delle ragazze, limitando il loro accesso a settori professionali ben retribuiti e prestigiosi.

Le soluzioni per combattere il maschilismo nelle scuole includono la revisione dei materiali didattici per eliminare stereotipi di genere e la formazione di insegnanti e personale scolastico per promuovere l'equità di genere. Le ragazze devono essere incoraggiate a esplorare una vasta gamma di interessi e a non sentirsi vincolate da aspettative di genere.

Riconoscere il maschilismo strutturale è il primo passo per contrastarlo. Le strutture sociali ed economiche che favoriscono gli uomini e svalutano le donne sono spesso così radicate che vengono percepite come normali. Tuttavia, è essenziale sfidare queste norme e promuovere una cultura della parità.

Azioni possibili:

- Politiche di parità di genere: I governi devono continuare a implementare e monitorare leggi che promuovano l'uguaglianza di genere, come la parità salariale e le quote di genere nelle istituzioni politiche e aziendali.

- Supporto alla leadership femminile: Le aziende devono sviluppare programmi di mentoring e sostegno per aiutare le donne a progredire nella carriera. Inoltre, è necessario creare ambienti di lavoro inclusivi in cui le donne si sentano rispettate e valorizzate.

- Educazione inclusiva: Le scuole devono promuovere una cultura della parità fin dalla tenera età, insegnando ai ragazzi e alle ragazze a riconoscere e sfidare gli stereotipi di genere.

Il cambiamento non può avvenire senza il coinvolgimento degli uomini. Il maschilismo non è solo una questione femminile: è un sistema che danneggia anche gli uomini, imponendo loro ruoli rigidi e aspettative irrealistiche. Gli uomini devono essere alleati nel promuovere la parità di genere, sfidando attivamente comportamenti sessisti e sostenendo le donne nelle loro battaglie.

Esempio:

Programmi come l'iniziativa "HeForShe" delle Nazioni Unite incoraggiano gli uomini a prendere una posizione attiva nella promozione dell'uguaglianza di genere. Questo tipo di campagne evidenzia il fatto che il maschilismo non è solo un problema delle donne, ma un ostacolo per l'intera società.

Il maschilismo strutturale è una forza potente e radicata che continua a influenzare le vite delle donne in molti aspetti della società moderna. Tuttavia, riconoscendo queste disuguaglianze e adottando misure concrete per contrastarle, possiamo iniziare a creare una società più giusta e inclusiva. Il percorso verso la parità di genere richiede uno sforzo collettivo e un cambiamento culturale profondo, che deve partire dalle istituzioni, dalle famiglie e dalla società nel suo complesso.

Questo approfondimento esplora in modo più dettagliato le radici del maschilismo strutturale e offre una visione chiara delle sue manifestazioni contemporanee, proponendo azioni concrete per promuovere la parità di genere.

Uno dei cambiamenti più importanti nella lotta per la parità di genere è stato il riconoscimento del diritto di voto alle donne. Questo è avvenuto grazie al movimento delle suffragette, che ha combattuto per decenni in diversi Paesi, a partire dalla fine del XIX secolo e all'inizio del XX secolo.

- Esempio storico:

Nel 1918, il Regno Unito ha concesso il diritto di voto alle donne sopra i 30 anni, un traguardo fondamentale per il movimento delle suffragette. Nel 1920, negli Stati Uniti, il 19° emendamento alla Costituzione ha finalmente riconosciuto il diritto di voto alle donne. Questi eventi hanno rappresentato una vittoria cruciale nella lotta per i diritti civili e hanno aperto la strada a una maggiore partecipazione delle donne nella vita politica e sociale.

La Dichiarazione Universale dei Diritti Umani, adottata dalle Nazioni Unite nel 1948, è stata una pietra miliare nel riconoscimento dei diritti delle donne a livello globale. L'articolo 1 della Dichiarazione afferma che "tutti gli esseri umani nascono liberi ed eguali in dignità e diritti", includendo quindi le donne in un quadro giuridico di uguaglianza.

- Impatto:

Sebbene la Dichiarazione non abbia portato immediatamente alla piena uguaglianza di genere, ha fornito una base legale e morale su cui i movimenti per i diritti delle donne hanno potuto costruire. Ha inoltre rafforzato l'importanza dell'uguaglianza come principio fondamentale nei trattati internazionali e nelle politiche nazionali.

Le leggi sulla parità salariale rappresentano uno dei maggiori successi nella lotta contro le discriminazioni di genere sul lavoro. Queste leggi sono state introdotte in vari Paesi per garantire che uomini e donne vengano pagati lo stesso stipendio per lo stesso lavoro.

- Esempio:

Nel 1963, gli Stati Uniti hanno approvato l'Equal Pay Act, che rende illegale la discriminazione salariale basata sul genere. In Europa, la Direttiva Europea sulla Parità Salariale (1975) ha stabilito che tutti i Paesi membri dell'Unione Europea devono rispettare il principio della parità retributiva tra uomini e donne. Anche se la disparità salariale persiste, queste leggi hanno rappresentato un passo avanti decisivo verso la parità economica.

Nel 1979, le Nazioni Unite hanno adottato la Convenzione sull'Eliminazione di Ogni Forma di Discriminazione contro le Donne (CEDAW), che è spesso descritta come una "Carta dei diritti" per le donne a livello globale. La CEDAW impone agli Stati firmatari di adottare misure per eliminare la discriminazione contro le donne in tutti i campi della vita pubblica e privata.

- Impatto:

Questa convenzione ha fornito un quadro legale vincolante a livello internazionale, impegnando i Paesi ad adottare politiche di uguaglianza e a promuovere attivamente i diritti delle donne. Ad oggi, oltre 180 Stati hanno ratificato la CEDAW, anche se molti di essi hanno fatto riserve su alcuni aspetti. Tuttavia, rappresenta uno degli strumenti più importanti per la promozione della parità di genere a livello mondiale.

Nel corso del XX e XXI secolo, numerosi Paesi hanno adottato leggi contro la violenza di genere e il femminicidio, un fenomeno che colpisce le donne in tutto il mondo. Queste leggi mirano a proteggere le donne dalla violenza domestica, dagli abusi sessuali e dagli omicidi motivati dal genere.

- Esempio recente:

L'Italia ha approvato nel 2019 il cosiddetto Codice Rosso, una legge che accelera i processi per le vittime di violenza domestica e di genere, garantendo protezione immediata e interventi tempestivi. Questo provvedimento ha rappresentato un significativo passo avanti nella lotta contro la violenza sulle donne.

Uno dei movimenti contemporanei più significativi per la parità di genere è il #MeToo, nato nel 2017. Questo movimento ha portato alla luce esperienze di abusi e molestie sessuali subite da donne in tutto il mondo, in particolare nei settori professionali, ma anche nella vita quotidiana.

- Impatto globale:

Il #MeToo ha innescato un dialogo su larga scala su questioni come l'abuso di potere, la cultura del silenzio e la necessità di protezioni legali più efficaci per le vittime di molestie. Grazie a questo movimento, molti Paesi hanno rivisto le loro leggi sulle molestie sessuali sul lavoro e hanno introdotto politiche per migliorare la protezione delle donne.

In molti Paesi, l'introduzione di quote di genere è stata una misura adottata per aumentare la rappresentanza femminile nelle istituzioni politiche e nelle aziende. Sebbene questa soluzione non sia esente da critiche, ha avuto effetti positivi in termini di aumento della visibilità e dell'influenza delle donne in settori dominati dagli uomini.

- Esempio:

La Norvegia è stata una delle prime nazioni a introdurre quote di genere nei consigli di amministrazione delle aziende quotate in borsa. Dal 2003, la legge norvegese impone che almeno il 40% dei membri del consiglio di amministrazione siano donne. Questa politica ha aumentato significativamente la presenza femminile nelle posizioni di leadership aziendale, ispirando altri Paesi europei a seguire l'esempio.

Un altro passo importante verso la parità di genere è stato il miglioramento delle politiche di congedo parentale, che non solo hanno ampliato i diritti delle donne, ma hanno anche incoraggiato una maggiore partecipazione degli uomini alla cura dei figli.

- Esempio:

In Islanda, dal 2000, i padri hanno diritto a un congedo parentale pagato separato da quello delle madri. Questa politica ha contribuito a una maggiore condivisione delle responsabilità familiari tra i genitori, promuovendo una cultura di uguaglianza nel lavoro domestico.

Questi esempi storici e contemporanei dimostrano che il cambiamento verso la parità di genere è possibile e che progressi significativi sono stati fatti in molti ambiti. Tuttavia, la strada verso la piena uguaglianza è ancora lunga, e richiede continui sforzi da parte di governi, aziende e cittadini. La lotta per i diritti delle donne è in continua evoluzione, e ogni conquista rappresenta un passo avanti verso una società più giusta e inclusiva per tutti.

Capitolo 2

Il Carico Mentale
La Trappola Invisibile delle Responsabilità Domestiche

Il carico mentale rappresenta il costante impegno cognitivo ed emotivo necessario per gestire le responsabilità domestiche e familiari. Si tratta di pensare in anticipo, pianificare, ricordare e organizzare tutte quelle attività che, anche quando non svolte direttamente, richiedono supervisione e controllo. A differenza del lavoro fisico – come pulire, cucinare o fare la spesa – il carico mentale è spesso invisibile e raramente riconosciuto, ma fondamentale per il funzionamento armonioso di una famiglia.

Esempio quotidiano:
Se pensiamo a una giornata tipica in una famiglia, una madre potrebbe non solo occuparsi della preparazione della colazione, ma anche pianificare mentalmente cosa cucinare per la cena, ricordarsi degli appuntamenti medici dei figli, organizzare l'acquisto di materiale scolastico e tenere sotto controllo le attività extrascolastiche. Il partner potrebbe contribuire eseguendo alcune di queste attività, ma spesso la responsabilità della pianificazione e del monitoraggio costante ricade sulla donna.

Il carico mentale è la responsabilità di mantenere tutto sotto controllo, un lavoro che non si ferma mai, anche quando non è visibile o tangibile. È come avere una lista infinita di compiti mentali che si aggiornano continuamente.

Il carico mentale non è una condizione naturale, ma il risultato di secoli di norme culturali che hanno tradizionalmente attribuito alle donne il ruolo di "manager domestico". Le radici di questa responsabilità risalgono alle società patriarcali in cui il ruolo principale delle donne era la cura della casa e della famiglia, mentre gli uomini erano visti come i principali guadagnatori. Anche se oggi le donne partecipano al mondo del lavoro in misura quasi pari agli uomini, le aspettative sociali non sono cambiate allo stesso ritmo.

Ruoli di genere e aspettative:

Le norme di genere continuano a promuovere l'idea che le donne siano "naturalmente" più adatte alla gestione della casa e alla cura dei figli. Le donne sono spesso socializzate fin dall'infanzia a pensare che la gestione domestica sia una loro responsabilità primaria. Questi ruoli sono così profondamente radicati nella cultura che, anche in famiglie dove entrambi i partner lavorano a tempo pieno, le donne spesso si sentono in dovere di assumere anche il peso delle attività domestiche.

Esempio storico:

Nel periodo post-bellico, con l'emancipazione delle donne e la loro crescente partecipazione alla forza lavoro, si sarebbe potuto prevedere un riequilibrio nelle responsabilità domestiche. Tuttavia, l'immagine della "donna tuttofare" è rimasta, consolidata da pubblicità, media e norme culturali che idealizzavano la figura della casalinga multitasking, capace di fare tutto senza chiedere aiuto.

Il carico mentale ha conseguenze significative sul benessere fisico, emotivo e mentale delle donne. Essere costantemente responsabili della pianificazione e gestione della vita familiare porta a livelli elevati di stress, ansia e può causare burnout. Questa condizione non solo influisce negativamente sulla salute delle donne, ma può anche limitare la loro capacità di progredire nella carriera professionale.

Conseguenze principali:

1. Stress e ansia cronici: Le donne che gestiscono il carico mentale spesso vivono in uno stato di tensione continua, con la costante preoccupazione di dimenticare qualcosa di importante o di non essere abbastanza efficienti.

2. Burnout emotivo: Il carico mentale richiede un impegno emotivo che, a lungo andare, può portare a un esaurimento mentale. Le donne, già stanche per le responsabilità lavorative e domestiche, possono sentirsi emotivamente svuotate, incapaci di prendersi cura di sé stesse.

3.   Impatto sulla carriera: Il carico mentale sottrae tempo ed energia alle donne, rendendo più difficile dedicarsi alla crescita professionale o accettare opportunità di promozione. Le donne che devono bilanciare le responsabilità domestiche con il lavoro possono trovarsi costrette a ridurre le ore di lavoro o a rinunciare ad avanzamenti di carriera.

Esempio pratico:
Francesca, una manager in una multinazionale, deve gestire non solo i suoi impegni lavorativi, ma anche le responsabilità familiari. Ogni giorno deve pianificare i pasti, ricordarsi delle scadenze scolastiche dei suoi figli, coordinare gli appuntamenti medici e monitorare la pulizia della casa. Anche se il marito la aiuta con le faccende domestiche, il peso della pianificazione resta sulle sue spalle, portandola a sentirsi sovraccarica e a considerare la riduzione delle ore lavorative per far fronte a queste responsabilità.

2.4. Il Carico Mentale e la Dinamica di Coppia

Il carico mentale crea spesso squilibri significativi all'interno delle dinamiche di coppia. Anche in relazioni dove le faccende domestiche sono apparentemente suddivise in modo equo, il carico mentale può rimanere invisibile. Gli uomini potrebbero partecipare attivamente alla gestione della casa, ma raramente si assumono la responsabilità della pianificazione, lasciando alle donne il compito di "dirigere l'orchestra".

Squilibri nella gestione delle responsabilità:

- Partecipazione attiva vs. pianificazione: Mentre un partner potrebbe svolgere compiti fisici come fare la spesa o pulire la casa, l'altro è responsabile di ricordarsi di acquistare gli ingredienti, pianificare i pasti e gestire il budget familiare.

- Mancata consapevolezza del carico mentale: Spesso, gli uomini non si rendono conto del peso che comporta dover pianificare ogni dettaglio della vita familiare. Questo porta a una mancanza di riconoscimento del lavoro invisibile svolto dalle donne, generando tensioni nella coppia.

Esempio pratico:

Sara e Marco hanno diviso in modo apparentemente equo le faccende domestiche: Marco si occupa della spesa e cucina la cena due volte a settimana, mentre Sara gestisce la pulizia della casa. Tuttavia, è Sara che si preoccupa di pianificare i pasti, di ricordare cosa manca in casa e di gestire il calendario familiare. Questo squilibrio genera frustrazione in Sara, che si sente sovraccarica e non supportata completamente.

Affrontare il carico mentale richiede un cambiamento profondo all'interno delle famiglie e delle relazioni. Non basta suddividere le attività fisiche, ma è fondamentale condividere anche la responsabilità della pianificazione e della gestione quotidiana.

Soluzioni pratiche:

1.   Divisione equa delle responsabilità: Gli uomini devono assumersi una parte attiva nella pianificazione e gestione delle attività domestiche, non solo nell'esecuzione. Questo significa essere responsabili anche di ricordare, pianificare e prendere decisioni.

2.   Utilizzo di strumenti di gestione condivisi: L'uso di strumenti digitali come app per la gestione delle attività domestiche, calendari condivisi e promemoria può aiutare a visualizzare il carico mentale e a distribuirlo in modo più equo.

3.   Comunicazione aperta: Le coppie devono discutere apertamente delle responsabilità domestiche e del carico mentale, riconoscendo l'importanza di una gestione condivisa e affrontando eventuali squilibri.

4.   Politiche aziendali che supportino le famiglie: Le aziende possono implementare politiche di flessibilità lavorativa e di congedo parentale che permettano a entrambi i partner di partecipare attivamente alla gestione della famiglia, riducendo il carico sulle donne.

Esempio di una soluzione:
In una famiglia, l'uso di un'app per la gestione delle attività domestiche ha permesso a entrambi i partner di condividere la responsabilità di ricordare e pianificare le attività quotidiane. Ogni membro della famiglia ha accesso all'app e può inserire le proprie attività, riducendo il carico mentale di chi si occupava precedentemente della pianificazione.

Le istituzioni governative e aziendali hanno un ruolo chiave nel ridurre il carico mentale attraverso politiche che promuovano una maggiore equità di genere. Questo include la creazione di politiche di congedo parentale condiviso.

In molte famiglie moderne, c'è una percezione comune che la suddivisione delle responsabilità domestiche sia più equa rispetto al passato. Gli uomini partecipano attivamente alla gestione della casa e alla cura dei figli, e le coppie spesso si considerano paritarie nella divisione del lavoro. Tuttavia, la ricerca continua a dimostrare che, anche in queste situazioni, il carico mentale rimane prevalentemente a carico delle donne.

Il concetto di equità può essere fuorviante quando non si tiene conto del carico mentale. La differenza fondamentale risiede nella distinzione tra "esecuzione" e "pianificazione". Mentre entrambi i partner possono condividere compiti fisici come cucinare, pulire o accompagnare i figli, spesso è solo uno dei due che si assume la responsabilità di pianificare, ricordare e organizzare tutte le attività. Questo lavoro, pur essendo cruciale, è invisibile e non viene considerato parte del "lavoro" domestico.

È davvero equa la distribuzione delle responsabilità domestiche quando uno dei partner si assume l'onere di pensare e pianificare tutto? L'equità non si misura solo nel compimento delle azioni visibili, ma anche nella condivisione delle responsabilità mentali che permettono che tutto funzioni.

"L'equità non è solo fare la propria parte, ma anche condividerne la regia."

Il carico mentale rimane spesso invisibile, non solo nelle dinamiche familiari, ma anche nella più ampia sfera sociale e lavorativa. Quando si parla di "lavoro", raramente si considera la mole di pensieri e pianificazioni che sostiene ogni attività. La società riconosce il lavoro fisico, tangibile, mentre il lavoro mentale, più sottile ma ugualmente essenziale, non viene quantificato né valorizzato.

Questa invisibilità è una delle principali ragioni per cui il carico mentale non viene percepito come una forma di lavoro reale. Nella maggior parte dei casi, è chi organizza, pianifica e tiene traccia delle attività quotidiane che si accolla il vero peso della gestione, ma questo non viene mai considerato come lavoro a tutti gli effetti.

Se il carico mentale fosse visibile come un'azione fisica, saremmo più disposti a riconoscerlo come parte integrante del lavoro domestico e professionale? Potrebbe questo cambiamento di prospettiva portare a una redistribuzione più equa delle responsabilità tra i partner e, di conseguenza, nella società?

"Non tutto il lavoro si vede, ma tutto il lavoro ha un peso."

Un aspetto che spesso alimenta la disuguaglianza nella gestione del carico mentale è l'idea che le donne siano "naturalmente" più adatte a gestire la pianificazione e la cura della famiglia. Questo stereotipo, profondamente radicato nelle culture di molti Paesi, suggerisce che le donne abbiano una predisposizione biologica al multitasking e alla gestione delle incombenze familiari. Di conseguenza, molte donne si sentono obbligate a svolgere questo ruolo, anche quando la loro situazione lavorativa o personale richiederebbe una più equa distribuzione delle responsabilità.

In realtà, questa presunta predisposizione naturale è il risultato di secoli di socializzazione, dove alle donne è stato insegnato che il loro valore risiede nella capacità di prendersi cura degli altri. Tale convinzione non solo carica le donne di un fardello mentale aggiuntivo, ma toglie agli uomini la possibilità di sviluppare e coltivare competenze analoghe nella gestione domestica e familiare.

È davvero una questione di "naturalità", o si tratta di un costrutto sociale che ci ha portato a credere che alcune responsabilità debbano essere gestite esclusivamente da donne? Se tutti fossero educati a condividere questo carico, la percezione del ruolo delle donne cambierebbe?

"Non è la natura a dividere il carico mentale, ma la cultura che lo distribuisce."

Un'altra dinamica che spesso passa inosservata è come la società lodi il sacrificio delle donne nella gestione del carico mentale e delle responsabilità familiari. Spesso, il sacrificio femminile viene normalizzato, lodato e addirittura incoraggiato, come se fosse una parte inevitabile del ruolo di madre, moglie o lavoratrice. Tuttavia, questo sacrificio ha un costo, sia in termini di salute mentale sia di opportunità personali e professionali.

La retorica del sacrificio, che esalta la capacità delle donne di "fare tutto", non considera le conseguenze a lungo termine di questo fardello. Le donne si trovano spesso a rinunciare a progressi nella loro carriera o a tempo per sé stesse per prendersi cura della famiglia e della casa. Questo tipo di sacrificio viene spesso dato per scontato, senza che vi sia una reale discussione sul suo impatto o sulla possibilità di condividerlo.

Il sacrificio è davvero una virtù, o è una necessità imposta dalle dinamiche sociali? E se il sacrificio venisse equamente condiviso, cambierebbe la qualità della vita non solo delle donne, ma anche delle famiglie e delle comunità nel loro insieme?

"Un sacrificio silenzioso non è una scelta libera, ma una responsabilità non condivisa."

Per affrontare il problema del carico mentale in modo sistemico, è necessario un intervento istituzionale e aziendale che promuova una più equa distribuzione delle responsabilità domestiche e lavorative. Le politiche di conciliazione vita-lavoro possono aiutare a ridurre il carico mentale, non solo per le donne, ma per tutte le famiglie.

Ad esempio, il congedo parentale condiviso, dove uomini e donne hanno lo stesso tempo e gli stessi diritti per prendersi cura dei figli, non solo alleggerisce il peso sulle donne, ma promuove anche una cultura in cui la cura della famiglia non è vista come una responsabilità esclusivamente femminile. Allo stesso modo, le politiche aziendali che offrono flessibilità oraria o la possibilità di lavorare da remoto possono aiutare a ridurre la pressione su chi si occupa della gestione familiare.

Se le istituzioni e le aziende promuovessero maggiormente la flessibilità e la condivisione delle responsabilità familiari, come cambierebbero le dinamiche sociali? E quale impatto avrebbe questo non solo sulla vita domestica, ma anche sulla produttività e il benessere generale?

"Le politiche che promuovono l'equità non alleggeriscono solo il carico mentale, ma rafforzano l'intera società."

Il carico mentale rappresenta una forma di lavoro invisibile, ma essenziale, che merita maggiore attenzione e riconoscimento. Non è sufficiente parlare di "equità" in termini di compiti eseguiti: è fondamentale che la pianificazione e la gestione delle responsabilità vengano anch'esse condivise e riconosciute. Solo attraverso una consapevolezza più profonda e politiche adeguate possiamo promuovere un reale cambiamento nella distribuzione del carico mentale, sia all'interno delle famiglie che nella società in generale.

"La vera equità non è solo una questione di ciò che si fa, ma di come si condivide il peso del pensare, pianificare e organizzare la vita di ogni giorno."

Capitolo 3

Sessismo e Lavoro
Sfide per le Donne nei Luoghi di Lavoro

Il sessismo nelle strutture organizzative non si limita a manifestazioni visibili e palesi, ma trova la sua massima espressione nelle dinamiche sottili e pervasive che regolano la cultura aziendale e istituzionale. Le donne, nonostante abbiano dimostrato nel tempo capacità pari, se non superiori, ai loro colleghi uomini, si trovano spesso di fronte a barriere invisibili ma potenti, che limitano la loro ascesa nei ranghi più elevati del mondo professionale.

Uno dei concetti più rilevanti è quello del soffitto di vetro, una metafora che rappresenta una barriera invisibile ma tangibile che impedisce alle donne di accedere alle posizioni di leadership. Mentre molti uomini avanzano nelle loro carriere senza incontrare ostacoli significativi, le donne si trovano spesso bloccate a livelli intermedi, nonostante le loro qualifiche. Questo fenomeno non è il risultato di una mancanza di competenza o ambizione, bensì di un sistema che tende a favorire inconsciamente l'egemonia maschile nei ruoli decisionali.

Il soffitto di vetro non è un'illusione, ma una costruzione sociale
che favorisce il consolidamento del potere maschile. Ci siamo
mai chiesti perché, nonostante le evidenti capacità delle donne,
i vertici delle organizzazioni rimangono prevalentemente maschili?

*"Il soffitto di vetro non si infrange con la forza, ma con la consapevolezza
collettiva del suo peso."*

Le microaggressioni sono manifestazioni quotidiane di sessismo
che, seppur sottili, hanno un impatto devastante sulla carriera
delle donne. Questi piccoli atti di svalutazione, come interruzioni durante le riunioni o il mancato riconoscimento delle idee
femminili, contribuiscono a creare un ambiente professionale in
cui le donne si sentono costantemente sotto pressione per dimostrare il proprio valore.

L'effetto cumulativo di queste microaggressioni non è trascura-
bile. Nel tempo, esse minano la fiducia delle donne nelle proprie capacità, creando un ambiente ostile in cui il loro contributo è percepito come meno significativo rispetto a quello degli
uomini. Questo fenomeno non riguarda solo il comportamento
di singoli individui, ma riflette un bias culturale più ampio che
permea molti luoghi di lavoro, dove le qualità maschili tradizionali vengono inconsciamente associate a leadership e auto-
revolezza.

Quante volte, nel contesto lavorativo, abbiamo assistito a donne che venivano interrotte o ignorate nelle loro proposte, mentre idee simili presentate da colleghi uomini venivano accolte con entusiasmo? È davvero una questione di competenze, o esiste un bias implicito che privilegia il contributo maschile?

"Le microaggressioni sono silenziose, ma il loro impatto è assordante."

Il gender pay gap rimane uno dei più chiari e persistenti indicatori di disuguaglianza di genere nel mondo del lavoro. Nonostante i progressi normativi in molti Paesi, le donne continuano a guadagnare, in media, meno degli uomini per ruoli e responsabilità equivalenti. Questo divario non è soltanto un riflesso di disparità retributiva immediata, ma si estende alle possibilità di accumulare ricchezza e beneficiare di migliori condizioni di pensionamento.

La disparità salariale è il risultato di diversi fattori. Tra questi, la segregazione occupazionale è una delle cause principali: le donne sono spesso concentrate in settori meno remunerativi, come l'educazione e l'assistenza sociale, mentre gli uomini dominano settori più redditizi come la finanza e l'ingegneria. Inoltre, il soffitto appiccicoso, che rappresenta la difficoltà delle donne di abbandonare posizioni di basso livello, contribuisce a mantenere queste disuguaglianze. Ma anche laddove le donne riescono a superare queste barriere e accedere a ruoli di alto livello, la loro retribuzione rimane spesso inferiore rispetto a quella dei loro colleghi uomini.

Se le leggi che impongono la parità retributiva esistono da decenni, perché le donne continuano a guadagnare meno degli uomini? Quali dinamiche economiche e sociali mantengono vivo questo divario, che penalizza non solo le donne ma l'intera economia?

"Il divario salariale è il riflesso più concreto di un sistema che sottovaluta il contributo delle donne."

Un aspetto insidioso del sessismo lavorativo è il doppio standard con cui vengono giudicati i comportamenti di uomini e donne. Le qualità che in un uomo sono ampiamente valorizzate, come l'assertività e la determinazione, diventano spesso oggetto di critica quando espresse da una donna. Laddove un uomo viene percepito come "leader deciso", una donna con le stesse qualità può essere etichettata come "aggressiva" o "troppo ambiziosa".

Questo doppio standard limita non solo la libertà di espressione delle donne, ma anche le loro opportunità di crescita professionale. Le donne si trovano costantemente a dover bilanciare il proprio comportamento, cercando di apparire autorevoli ma non troppo assertive, competenti ma senza risultare invadenti. Tale pressione non solo rallenta il loro avanzamento di carriera, ma crea anche un ambiente in cui le donne sono costantemente costrette a modulare la propria personalità per adattarsi a standard che non le favoriscono.

Perché una qualità come l'assertività viene considerata una virtù in un uomo e un difetto in una donna? Quanto il nostro giudizio sui comportamenti altrui è influenzato da preconcetti legati al genere piuttosto che da una valutazione oggettiva delle competenze?

"Un doppio standard non misura il valore, ma rafforza il pregiudizio."

Nonostante i progressi verso l'uguaglianza di genere, le donne rimangono sottorappresentate nei ruoli di leadership, tanto nelle aziende private quanto nelle istituzioni pubbliche. Questo squilibrio non è solo una questione di giustizia sociale, ma ha implicazioni economiche e strategiche rilevanti. Numerosi studi hanno dimostrato che la diversità di genere ai vertici aziendali migliora la performance complessiva, promuove l'innovazione e favorisce la presa di decisioni più ponderata e inclusiva.

Tuttavia, le strutture di potere rimangono largamente dominate dagli uomini, nonostante le donne abbiano dimostrato di possedere tutte le qualità necessarie per ricoprire posizioni di rilievo. Il problema non risiede nella mancanza di competenze femminili, ma nelle barriere culturali e strutturali che ostacolano l'accesso delle donne ai vertici. Le aziende che investono nella promozione della leadership femminile, creando programmi di mentoring e politiche di promozione trasparenti, tendono non solo a crescere meglio, ma anche a generare un impatto positivo sulla società nel suo complesso.

Se la diversità di genere nelle posizioni di leadership apporta benefici documentati, perché le donne continuano a essere escluse dai ruoli di vertice? Le barriere sono davvero invisibili, o stiamo inconsapevolmente preservando una cultura che privilegia la leadership maschile?

"Un'azienda senza leadership femminile è un'azienda che sceglie di perdere metà delle sue potenzialità."

Per affrontare il sessismo nei luoghi di lavoro in modo efficace, è necessario implementare politiche strutturate e lungimiranti. Le aziende devono promuovere programmi di mentoring, che favoriscano lo sviluppo delle competenze di leadership nelle donne, e garantire la trasparenza nei processi di promomozione, valutazione e retribuzione. L'obiettivo non è solo quello di eliminare le disparità di genere, ma di creare un ambiente lavorativo in cui uomini e donne possano esprimere al massimo il proprio potenziale, senza essere ostacolati da pregiudizi o stereotipi di genere.

Una delle misure più efficaci per ridurre il gender pay gap è introdurre processi di controllo retributivo che monitorino le differenze salariali tra uomini e donne, per garantire che a parità di ruolo corrisponda una parità di stipendio. Le aziende che promuovono trasparenza nei salari e implementano audit regolari tendono a correggere più rapidamente le disparità retributive.

Inoltre, la flessibilità lavorativa gioca un ruolo cruciale nel promuovere l'equità di genere. L'introduzione di politiche che permettano a entrambi i genitori di accedere al congedo parentale o a modalità di lavoro flessibili, senza penalizzare la carriera, contribuisce a ridurre il carico mentale che grava in modo sproporzionato sulle donne. Queste politiche non solo migliorano il benessere dei lavoratori, ma aumentano anche la produttività e la soddisfazione lavorativa.

Infine, è essenziale affrontare il tema dei pregiudizi inconsci che pervadono molte decisioni aziendali. La formazione su come riconoscere e contrastare questi bias è fondamentale per evitare che stereotipi influenzino la promozione, la valutazione e l'attribuzione di ruoli di responsabilità. Solo attraverso una consapevolezza diffusa di queste dinamiche sarà possibile promuovere una cultura aziendale più equa e inclusiva.

Se le aziende più innovative e di successo hanno implementato politiche di equità di genere, perché molte altre sono ancora riluttanti a farlo? Forse il vero ostacolo non è la difficoltà di attuare queste politiche, ma la resistenza al cambiamento di una cultura consolidata?

"L'equità non è un costo da sostenere, ma un investimento per il futuro."

Il sessismo nei luoghi di lavoro non è solo una questione di disuguaglianza morale, ma un freno allo sviluppo economico, alla produttività e all'innovazione. Affrontare queste dinamiche non è solo una responsabilità delle donne, ma un impegno collettivo che coinvolge aziende, istituzioni e lavoratori di entrambi i sessi. Le soluzioni ci sono, e le prove dell'efficacia delle politiche di inclusione di genere sono evidenti. Le organizzazioni che promuovono la parità di genere non solo riducono le disuguaglianze, ma creano anche ambienti più prosperi e dinamici, in grado di attrarre e trattenere i migliori talenti. Il cambiamento non avverrà dall'oggi al domani, ma ogni passo verso un ambiente di lavoro più equo e inclusivo porta con sé vantaggi concreti per tutti.

"Un mondo del lavoro che non valorizza pienamente le donne è un mondo che rinuncia al suo vero potenziale."

Capitolo 4

Violenza di Genere

Una Piaga che Persiste

La violenza di genere è una delle forme più devastanti e pervasivamente radicate di disuguaglianza. Essa non riguarda solo gli episodi più drammatici e visibili, come il femminicidio o l'aggressione fisica, ma comprende una vasta gamma di comportamenti che mirano a controllare, intimidire e sottomettere le donne, privandole del loro diritto fondamentale alla libertà e alla sicurezza. È una violenza che affonda le sue radici in sistemi patriarcali e strutture di potere che perpetuano l'idea che le donne siano proprietà, oggetti da controllare o subalterni da dominare.

Questa violenza non è un fenomeno isolato, ma il prodotto di una cultura che continua a giustificare e a minimizzare le aggressioni contro le donne. Non è solo una questione di singoli atti di brutalità, ma un sintomo di un problema sociale molto più ampio, che coinvolge istituzioni, norme sociali e rappresentazioni culturali che normalizzano la violenza contro le donne e ne facilitano la perpetuazione.

Se la violenza di genere è così diffusa, ci si dovrebbe chiedere perché persiste ancora in un mondo che si definisce moderno e civilizzato. Forse il problema non sta solo nei singoli aggressori, ma in un sistema che tollera, giustifica e non fa abbastanza per prevenire e punire questa violenza.

"La violenza di genere non è un'eccezione, ma il riflesso di un sistema che permette che accada."

Il femminicidio, l'uccisione di una donna per motivi legati al genere, rappresenta l'espressione più estrema della violenza di genere. Non è solo l'atto di un singolo, ma il culmine di una spirale di violenze che inizia spesso molto prima, con abusi psicologici, economici e fisici. Questo crimine è il risultato di un contesto in cui la vita delle donne è considerata meno importante o addirittura proprietà degli uomini.

Nel corso degli anni, il termine femminicidio è emerso per evidenziare la natura specifica di questi omicidi, spesso minimizzati o non adeguatamente puniti dal sistema giudiziario. In molti Paesi, le leggi sono insufficienti o applicate in modo inadeguato, e le vittime di violenza domestica vengono spesso lasciate senza protezione, esponendole a un rischio crescente. Il femminicidio è, in sostanza, l'ultima tappa di un ciclo di abusi che trova terreno fertile in una cultura di impunità.
Il femminicidio non è un caso isolato, ma il risultato di un'escalation di violenze che spesso viene ignorata o minimizzata. Perché, in molti casi, solo quando una donna muore si riconosce la gravità del problema? La società non dovrebbe intervenire prima, anziché dopo?

Non tutta la violenza di genere è fisica. La violenza psicologica, sebbene meno visibile, può essere altrettanto distruttiva. Essa si manifesta attraverso comportamenti di controllo, manipolazione, umiliazione e isolamento, che mirano a sminuire l'autostima della vittima e a farla sentire dipendente dall'abusante. Questo tipo di violenza è insidioso perché spesso viene minimizzato o non riconosciuto come tale, ma i suoi effetti possono essere devastanti, lasciando segni profondi e duraturi.

Molte donne subiscono violenza psicologica per anni, senza mai denunciarla, perché viene considerata meno grave rispetto alla violenza fisica. Tuttavia, la manipolazione emotiva e il controllo mentale sono strumenti potenti di oppressione che rendono le vittime incapaci di sfuggire alla relazione abusiva. Questi abusi creano una spirale di dipendenza psicologica che spesso precede o accompagna gli episodi di violenza fisica.
Perché la violenza psicologica viene spesso ignorata o sottovalutata, quando i suoi effetti sono altrettanto devastanti di quelli fisici? Il controllo emotivo e mentale non è forse una forma di prigionia altrettanto crudele?

Un'altra forma di violenza di genere che spesso passa inosservata è la violenza economica. Si tratta di un abuso che mira a controllare l'indipendenza finanziaria della vittima, rendendola dipendente economicamente dall'aggressore. Questo può includere il controllo completo delle finanze, la limitazione delle opportunità lavorative o l'impedimento di accedere a risorse economiche personali. La violenza economica priva le donne della loro autonomia e le incatena in relazioni abusanti, poiché la dipendenza finanziaria diventa una barriera insormontabile per lasciare il partner.

Senza un'indipendenza economica, le donne spesso si trovano intrappolate in relazioni violente perché non vedono un'alternativa praticabile. Questo tipo di violenza è particolarmente insidioso poiché agisce su uno dei pilastri fondamentali della libertà personale: la capacità di provvedere a sé stesse e di prendere decisioni autonome. La violenza economica è quindi uno strumento di controllo che perpetua l'assoggettamento della donna, impedendole di uscire da una situazione abusiva.
Quanto è davvero libera una persona se non ha accesso alle proprie risorse economiche? La violenza economica non limita solo il presente di una donna, ma ne compromette anche il futuro, privandola della possibilità di costruire una vita indipendente.

La violenza sessuale è una delle forme più devastanti di abuso, non solo per le conseguenze fisiche, ma anche per quelle emotive e psicologiche. Il corpo della donna diventa campo di battaglia, e l'aggressione sessuale non è solo un atto di violenza fisica, ma una profonda violazione della dignità e dell'integrità personale. Purtroppo, molte donne vittime di violenza sessuale devono affrontare anche la vittimizzazione secondaria, un processo che avviene quando la società, le istituzioni o i media mettono in dubbio la veridicità del loro racconto o le colpevolizzano per quanto accaduto.

Questo atteggiamento porta spesso le vittime a non denunciare l'abuso per timore di essere giudicate o non credute, alimentando così un circolo vizioso di silenzio e impunità. La violenza sessuale non è solo una questione di attacco fisico, ma rappresenta un tentativo di sottomettere la donna, di ridurla a oggetto di piacere o di dominio. La società, nella sua risposta a questi crimini, dovrebbe dimostrare non solo severità nei confronti dei colpevoli, ma anche sensibilità e supporto verso le vittime.
Perché, ancora oggi, molte donne scelgono di non denunciare una violenza sessuale? È possibile che il sistema stesso, anziché proteggerle, le faccia sentire ulteriormente esposte e vulnerabili?

"La violenza sessuale è una doppia aggressione: prima sul corpo, poi sulla dignità della vittima."

Affrontare la violenza di genere richiede uno sforzo collettivo e sistemico. Non bastano leggi severe, che pure sono necessarie, ma serve un cambiamento culturale che parta dall'educazione e dalla prevenzione. Le istituzioni devono garantire che le vittime siano protette e che gli aggressori vengano perseguiti con rigore, ma allo stesso tempo è necessario lavorare sulla prevenzione, educando le nuove generazioni al rispetto e all'uguaglianza di genere. La violenza di genere non si combatte solo con le sanzioni penali, ma con un cambiamento culturale profondo, che coinvolga scuole, famiglie e comunità.

Un passo fondamentale è creare politiche di prevenzione e sensibilizzazione che non solo aiutino le vittime, ma che affrontino la radice del problema: le norme patriarcali e sessiste che alimentano la violenza. Le campagne di sensibilizzazione devono mirare a smantellare gli stereotipi di genere e promuovere una cultura del rispetto reciproco. Allo stesso modo, l'educazione sessuale e affettiva nelle scuole deve affrontare temi come il consenso, l'autodeterminazione e il rispetto delle differenze.

È altrettanto importante che i governi e le istituzioni adottino politiche che proteggano le vittime di violenza di genere, fornendo loro i mezzi per ricostruire la propria vita. Questo include la creazione di rifugi sicuri, programmi di supporto psicologico ed economico e un accesso garantito alla giustizia. La protezione delle vittime non deve essere un'eccezione, ma una regola consolidata.

La violenza di genere non è inevitabile. Se adottiamo misure preventive adeguate, educando le nuove generazioni al rispetto e creando strutture di supporto per le vittime, possiamo davvero aspirare a un futuro in cui la violenza contro le donne sia significativamente ridotta.

"La violenza di genere non si combatte solo punendo i colpevoli, ma prevenendone le radici attraverso l'educazione e la sensibilizzazione."

Le istituzioni, dai governi alle forze dell'ordine, dalle scuole ai media, hanno una responsabilità cruciale nel contrastare la violenza di genere. Tuttavia, spesso le vittime si trovano di fronte a sistemi inadeguati, lenti o inefficaci nel fornire protezione e giustizia. Questo problema si manifesta in vari modi: dalla scarsa applicazione delle leggi antiviolenza alla lentezza nei procedimenti giudiziari, fino alla mancanza di rifugi e servizi di supporto.

Un altro aspetto fondamentale è la vittimizzazione secondaria, ovvero il trattamento ingiusto che le vittime subiscono durante i processi di denuncia e giudizio. Troppo spesso, alle donne viene chiesto di giustificare le proprie azioni o di provare di non aver provocato l'aggressione. Questo atteggiamento, radicato in una cultura sessista, non solo scoraggia le denunce, ma perpetua un clima di impunità per gli aggressori.

Le istituzioni devono essere riformate per garantire che la giustizia sia accessibile a tutte le donne, indipendentemente dalla loro situazione economica, sociale o culturale. Le forze dell'ordine devono ricevere una formazione adeguata per gestire i casi di violenza di genere con sensibilità e rispetto, mentre i tribunali devono applicare le leggi in modo rigoroso e imparziale. Allo stesso tempo, è necessario che le politiche pubbliche sostengano le vittime fornendo loro mezzi concreti per uscire da situazioni di violenza e ricostruire la loro vita.
Se le istituzioni non riescono a proteggere le donne e a punire adeguatamente gli aggressori, come possiamo sperare di ridurre la violenza di genere? È forse il momento di riformare profondamente il sistema giudiziario e i servizi di supporto, affinché rispondano alle reali esigenze delle vittime?

"La giustizia non dovrebbe essere una lotta per le vittime, ma una certezza a cui affidarsi senza paura."

La violenza di genere non è un destino inevitabile, ma il risultato di una cultura che perpetua la disuguaglianza e il controllo sulle donne. Per spezzare questo ciclo, è necessario un impegno collettivo che coinvolga tutti i settori della società: dalle istituzioni alle famiglie, dalle scuole ai media. La violenza di genere non è solo un problema delle vittime, ma un problema di tutti.

È solo attraverso l'educazione, la sensibilizzazione e l'azione concreta che possiamo aspirare a un futuro in cui la violenza di genere sia una realtà relegata al passato. Ogni atto di violenza prevenuto, ogni vita salvata, ogni donna che riesce a riprendere il controllo della propria esistenza è una vittoria per l'intera società.

"Una società che tollera la violenza di genere è una società che rinuncia alla propria umanità."

Capitolo 5:

La Rappresentanza Femminile

Un Obiettivo Ancora Lontano

La rappresentanza femminile, tanto nelle posizioni di potere quanto nei contesti istituzionali, è un indicatore chiave per misurare il grado di equità e inclusività di una società. Tuttavia, nonostante i numerosi progressi compiuti negli ultimi decenni, le donne continuano a essere sottorappresentate nei ruoli decisionali e nelle istituzioni politiche e aziendali. Questa carenza non è solo una questione di giustizia sociale, ma ha ripercussioni significative sulla qualità della governance e sulla produttività delle organizzazioni.

Quando le donne sono assenti dai tavoli decisionali, le loro prospettive e priorità restano escluse dai processi di policy-making. Ciò crea un effetto domino che perpetua disuguaglianze strutturali, poiché le decisioni prese non tengono conto delle necessità specifiche delle donne, sia sul piano economico che sociale. La mancanza di rappresentanza non è solo una questione di numeri, ma di qualità: le voci femminili portano esperienze e intuizioni che arricchiscono il dibattito e contribuiscono a decisioni più equilibrate e inclusive.

Cosa si perde quando le donne non sono adeguatamente rappresentate nei ruoli di potere? Possiamo davvero considerare democratiche o inclusive delle istituzioni che non riflettono equamente la popolazione che rappresentano?

Il divario di genere nelle posizioni di leadership è uno dei principali ostacoli per raggiungere una vera parità di genere. Sebbene le donne costituiscano una parte consistente della forza lavoro globale, la loro presenza ai vertici aziendali e istituzionali resta marginale. Questo fenomeno è spesso il risultato di barriere culturali, pregiudizi inconsci e stereotipi che continuano a percepire gli uomini come "naturalmente" più adatti a ricoprire ruoli di leadership.

I dati mostrano che, in molte parti del mondo, la percentuale di donne in ruoli decisionali nelle aziende o nelle istituzioni pubbliche non supera il 30%. Questo squilibrio non è solo una questione di opportunità mancate per le donne, ma rappresenta anche un danno per le organizzazioni stesse. La ricerca ha dimostrato che le aziende con una maggiore presenza femminile nei consigli di amministrazione o nei ruoli dirigenziali tendono a essere più innovative e ad avere migliori risultati finanziari. La diversità, infatti, porta a una maggiore varietà di opinioni, idee e strategie, migliorando così la capacità di adattarsi e competere in un mercato globale in rapida evoluzione.

Se le donne dimostrano di essere altrettanto capaci degli uomini nel raggiungere posizioni di leadership, perché continuano a essere escluse? Non si tratta solo di garantire pari opportunità, ma di riconoscere che l'esclusione delle donne danneggia l'intero sistema economico e sociale.

La metafora del soffitto di vetro è comunemente usata per descrivere la barriera invisibile che impedisce alle donne di accedere alle posizioni più alte nelle organizzazioni. Questo ostacolo, che non si vede ma si sente, è il prodotto di pregiudizi di genere che persistono, anche nei contesti che si considerano moderni e progressisti. Il soffitto di vetro non è un ostacolo fisico, ma una combinazione di stereotipi, norme sociali e politiche aziendali che favoriscono il mantenimento di un modello di leadership prevalentemente maschile.

Parallelamente, molte donne affrontano il cosiddetto soffitto appiccicoso, ovvero la difficoltà di abbandonare posizioni di basso o medio livello, a causa delle responsabilità familiari o della mancanza di opportunità di crescita professionale. Anche quando le donne superano queste barriere e accedono a posizioni di leadership, spesso devono lavorare il doppio per ottenere il riconoscimento che gli uomini ricevono più facilmente.

Queste due barriere, sebbene diverse nella loro manifestazione, hanno lo stesso effetto: mantengono le donne lontane dai vertici decisionali e limitano la loro capacità di influenzare il cambiamento a livello istituzionale.
Il soffitto di vetro è una barriera che non colpisce solo le donne, ma l'intera organizzazione, poiché limita l'accesso a un pool di talenti più ampio e diversificato. Quanto potrebbe migliorare

un'azienda o un'istituzione se riuscisse a infrangere questo soffitto e a permettere alle donne di emergere?

Le quote di genere sono uno degli strumenti più controversi ma efficaci per promuovere la rappresentanza femminile nei luoghi di potere. Introdotte in vari Paesi, le quote impongono una percentuale minima di donne nelle posizioni decisionali, siano esse politiche o aziendali. Sebbene molti critichino questo strumento, sostenendo che dovrebbe essere il merito, e non il genere, a determinare le promozioni, le quote di genere si sono rivelate un mezzo pratico per abbattere le barriere strutturali che impediscono alle donne di accedere ai ruoli di leadership.

Le quote non mirano a premiare le donne solo perché sono donne, ma a correggere una storica disparità di opportunità. In contesti dove le donne sono state sistematicamente escluse dai processi decisionali, le quote rappresentano un correttivo temporaneo, necessario per livellare il campo di gioco. Paesi come la Norvegia, che hanno introdotto quote obbligatorie nei consigli di amministrazione, hanno visto un incremento significativo della rappresentanza femminile, con effetti positivi sia in termini di governance che di performance aziendale.
Le quote di genere sono davvero una minaccia al merito, o rappresentano uno strumento necessario per creare una società più equa? Quando le donne vengono sistematicamente escluse dai ruoli di potere, forse è il sistema stesso a essere ingiusto, e le quote servono proprio a riequilibrarlo.

Anche quando non esistono barriere legali o formali, i pregiudizi inconsci giocano un ruolo determinante nell'escludere le donne dai ruoli di leadership. Questi bias si manifestano in molteplici forme, dalla preferenza per i candidati maschili durante i colloqui di lavoro, alla tendenza a percepire gli uomini come più adatti a ruoli decisionali. Tali pregiudizi non sono necessariamente espliciti, ma agiscono a livello subliminale, influenzando le scelte e le valutazioni che si fanno in sede di selezione e promozione.

Gli stereotipi di genere che vedono gli uomini come leader naturali e le donne come più adatte a ruoli di supporto sono ancora profondamente radicati. Anche quando le donne dimostrano di possedere tutte le competenze necessarie per ricoprire ruoli di leadership, spesso vengono percepite come meno autorevoli o affidabili. Questi bias limitano le opportunità di carriera delle donne e creano un ambiente lavorativo che continua a favorire il mantenimento di strutture gerarchiche tradizionali.

Per combattere questi pregiudizi, è fondamentale che le aziende e le istituzioni implementino politiche di formazione sulla diversità e l'inclusione, volte a sensibilizzare il personale sui bias inconsci e a promuovere una cultura più inclusiva. Solo riconoscendo e affrontando questi pregiudizi sarà possibile creare un ambiente lavorativo in cui le donne possano competere ad armi pari con i loro colleghi maschi.

Quanto influiscono i pregiudizi inconsci nelle decisioni di selezione e promozione? Possiamo davvero parlare di meritocrazia quando le scelte sono condizionate da stereotipi di genere che favoriscono sistematicamente gli uomini?

Oltre alle barriere strutturali e ai pregiudizi inconsci, uno degli ostacoli più significativi che limitano la rappresentanza femminile nei ruoli di leadership è il carico mentale legato alla gestione della famiglia e delle responsabilità domestiche. Nella maggior parte dei contesti, le donne continuano a essere le principali responsabili della cura dei figli, della casa e delle attività quotidiane, anche quando lavorano a tempo pieno o ricoprono ruoli di responsabilità.

Questo doppio carico crea una pressione aggiuntiva sulle donne, che si trovano a dover gestire contemporaneamente le esigenze lavorative e familiari. Mentre gli uomini possono concentrarsi maggiormente sulla carriera, le donne spesso devono fare scelte di compromesso, riducendo le ore lavorative o rifiutando promozioni che richiederebbero un maggiore impegno. Il risultato è che, anche quando le opportunità esistono, molte donne non riescono a coglierle a causa delle responsabilità domestiche che gravano principalmente su di loro.

Affrontare questo problema richiede un cambiamento culturale e l'adozione di politiche aziendali che favoriscano la conciliazione tra vita lavorativa e vita familiare. Le aziende devono riconoscere l'importanza di offrire flessibilità lavorativa, come il lavoro da remoto, l'orario flessibile o la possibilità di usufruire di congedi parentali per entrambi i genitori. Solo riducendo il carico mentale sulle donne sarà possibile creare un contesto in cui esse possano competere ad armi pari con gli uomini.

Quante donne devono rinunciare alle loro aspirazioni professionali a causa delle responsabilità familiari? Se il carico mentale fosse equamente distribuito tra uomini e donne, quante più donne potrebbero raggiungere posizioni di leadership e contribuire attivamente allo sviluppo delle organizzazioni?

"Non è il talento a mancare alle donne, ma il tempo per esprimerlo, diviso tra carriera e famiglia."

Un altro elemento cruciale per aumentare la rappresentanza femminile nei ruoli di leadership è il mentoring. Le donne, spesso isolate nei contesti aziendali dominati da uomini, possono trarre enorme beneficio dal supporto di mentori che le guidino nel loro percorso di carriera. I programmi di mentoring consentono alle donne di acquisire competenze, costruire reti professionali e sviluppare una maggiore fiducia nelle loro capacità di leadership.

Molte aziende hanno iniziato a implementare programmi di sviluppo dedicati alle donne, che mirano a colmare il gap di competenze e a prepararle per ruoli dirigenziali. Questi programmi non sono solo una risposta alle disuguaglianze, ma un investimento strategico nel futuro delle organizzazioni. Le donne portano con sé prospettive diverse e innovative, e il loro coinvolgimento nelle decisioni strategiche può apportare benefici tangibili a lungo termine.

Il mentoring non deve limitarsi a un rapporto tra individui, ma diventare una prassi istituzionalizzata, in cui le organizzazioni creano percorsi chiari e strutturati per sostenere le donne nella loro ascesa ai vertici. Inoltre, è fondamentale che i leader aziendali si facciano promotori attivi di queste iniziative, dimostrando con il loro esempio che la diversità è una priorità.

Se le aziende investissero di più nel mentoring e nello sviluppo delle competenze femminili, quanto più diversificato e inclusivo sarebbe il futuro del lavoro? Potrebbe il mentoring essere la chiave per sbloccare il potenziale non sfruttato delle donne in ruoli di leadership?

"Il talento cresce quando è coltivato: il mentoring è la linfa che nutre il futuro delle donne leader."

Le istituzioni pubbliche giocano un ruolo cruciale nella promozione della parità di genere. Le politiche governative, le leggi e le normative possono creare le condizioni per una maggiore partecipazione delle donne nei processi decisionali, tanto nel settore pubblico quanto in quello privato. Molti Paesi hanno adottato normative che promuovono la presenza femminile nelle istituzioni politiche, nei consigli di amministrazione e nei settori dirigenziali.

Una delle sfide più grandi è quella di tradurre le leggi in cambiamenti concreti. Le istituzioni devono assicurarsi che le politiche siano applicate in modo rigoroso e che vengano introdotte misure di controllo e monitoraggio per verificare i progressi verso la parità di genere. Non basta emanare leggi, è necessario creare una cultura del rispetto e dell'inclusione che permei ogni livello della società.

Inoltre, le istituzioni devono promuovere l'educazione di genere fin dalle scuole, per combattere gli stereotipi che limitano le aspirazioni delle ragazze e favorire una cultura di equità che riconosca il valore della diversità. L'educazione gioca un ruolo fondamentale nella costruzione di una società che valorizza il contributo di tutti, indipendentemente dal genere.

Le politiche governative possono davvero trasformare le dinamiche di potere nelle istituzioni? Forse è giunto il momento di chiedersi se le leggi siano sufficienti o se serve un cambiamento culturale più profondo che parta dall'educazione e dalla sensibilizzazione.

"Le leggi possono aprire le porte, ma è la cultura che deve permettere alle donne di attraversarle."

Il cammino verso la piena parità di genere nelle posizioni di leadership è ancora lungo, ma non è un'utopia. I progressi fatti fino a oggi dimostrano che il cambiamento è possibile, purché vi sia la volontà politica, istituzionale e aziendale di perseguirlo. La diversità di genere non è solo una questione di giustizia, ma una risorsa fondamentale per lo sviluppo economico e sociale.

Un futuro con parità di genere significa garantire alle donne le stesse opportunità degli uomini, non solo in termini di accesso alle posizioni di potere, ma anche nella possibilità di esprimere pienamente il proprio potenziale. Significa creare un mondo in cui le donne non siano più costrette a scegliere tra carriera e famiglia, in cui il loro contributo sia valorizzato e riconosciuto come fondamentale per il benessere collettivo.

La parità di genere è davvero un obiettivo lontano o possiamo già intravedere i segni di un cambiamento imminente? Cosa possiamo fare, individualmente e collettivamente, per accelerare questo processo e garantire un futuro più equo per tutti?

"La parità di genere non è un traguardo irraggiungibile, ma una promessa che il futuro ci invita a mantenere."

La rappresentanza femminile nei luoghi di potere non è un obiettivo che riguarda solo le donne, ma un imperativo per costruire una società più giusta, equa e prospera. Le donne devono poter accedere ai ruoli decisionali, non solo per garantire pari opportunità, ma perché il loro contributo è essenziale per affrontare le sfide del futuro.

Un mondo in cui le donne siano equamente rappresentate ai vertici delle aziende, delle istituzioni e della politica è un mondo più inclusivo, più dinamico e più capace di rispondere alle esigenze di tutti. Questo futuro è nelle nostre mani, e il cambiamento deve cominciare oggi.

"Il futuro non può essere costruito su metà delle voci: la piena rappresentanza femminile è il fondamento di una società completa."

Capitolo 6

Stereotipi di Genere

Una Gabbia Invisibile, ma Potente

Gli stereotipi di genere sono idee preconcette e semplificate su ciò che uomini e donne "dovrebbero" essere o fare in base al loro sesso. Questi stereotipi sono alla base di molte delle disuguaglianze di genere che persistono nelle società contemporanee, influenzando il modo in cui le persone pensano, si comportano e vengono trattate, sia nella sfera privata che in quella pubblica. Gli stereotipi non sono innati, ma appresi: vengono tramandati di generazione in generazione attraverso i processi di socializzazione, e si radicano così profondamente nella nostra coscienza collettiva che spesso non siamo nemmeno consapevoli della loro esistenza.

Fin dalla nascita, i bambini e le bambine vengono esposti a stereotipi che definiscono ruoli, comportamenti e aspettative differenziate. Alle bambine viene spesso detto di essere "gentili", "empatiche" e "nutrici", mentre ai bambini viene chiesto di essere "coraggiosi", "indipendenti" e "dominanti". Queste aspettative modellano il modo in cui i bambini si percepiscono e come si aspettano di essere trattati dagli altri. Man mano che crescono, queste concezioni influenzano profondamente le loro scelte educative, professionali e personali, limitando il loro potenziale e rinforzando le divisioni di genere nella società.

Gli stereotipi di genere non sono solo limitativi, ma hanno conseguenze reali e tangibili sulla vita delle persone. Le donne, ad esempio, spesso affrontano maggiori difficoltà nell'accedere a settori come la scienza, la tecnologia, l'ingegneria e la matematica (STEM), poiché queste discipline vengono percepite come "maschili". Allo stesso modo, gli uomini che desiderano entrare in professioni considerate tradizionalmente "femminili", come l'insegnamento o l'infermieristica, affrontano pregiudizi che li vedono come "meno virili" o "meno ambiziosi". Questi stereotipi limitano non solo le possibilità individuali, ma impoveriscono anche la società, che perde il contributo di talenti diversificati in settori cruciali per il progresso.

Gli stereotipi di genere, pur sembrando innocui o addirittura naturali, sono in realtà costrutti culturali che incatenano uomini e donne a ruoli fissi e rigidi. Quanto potrebbe essere diversa la nostra società se non fossimo così influenzati da queste gabbie invisibili? Quanto più liberi potremmo essere nel fare scelte che rispecchino i nostri veri desideri, piuttosto che conformarci a ciò che ci si aspetta da noi in quanto uomini o donne?

"Gli stereotipi di genere non solo limitano chi siamo, ma soffocano chi potremmo diventare."

Uno dei principali veicoli attraverso cui gli stereotipi di genere vengono perpetuati è rappresentato dai **media** e dalle rappresentazioni culturali. Cinema, televisione, pubblicità, videogiochi e social media contribuiscono a plasmare la nostra percezione del mondo e del nostro ruolo in esso. Nei media tradizionali, le donne sono spesso raffigurate in ruoli secondari o limitati, come quelli di madri, casalinghe o oggetti del desiderio sessuale, mentre gli uomini sono tipicamente ritratti come eroi, leader e protagonisti delle narrazioni. Questo tipo di rappresentazione non fa che rinforzare gli stereotipi già esistenti e normalizzare la disuguaglianza di genere.

Nei film e nelle serie televisive, le donne sono spesso caratterizzate in modo riduttivo, con un'enfasi sulla bellezza fisica o sulla capacità di prendersi cura degli altri, mentre gli uomini vengono presentati come agenti attivi, decisionisti e risolutori di problemi. Questo dualismo rafforza la convinzione che esistano ruoli naturali e predeterminati per i sessi e che deviare da questi ruoli sia qualcosa di "anormale" o "inappropriato". Anche quando le donne assumono ruoli di potere nei media, sono spesso rappresentate come "eccezioni" o vengono descritte attraverso tratti maschili, come l'aggressività o l'ambizione senza scrupoli, quasi a sottolineare che, per avere successo, debbano abbandonare la loro "naturale femminilità".

La pubblicità, in particolare, ha giocato un ruolo centrale nella diffusione di stereotipi di genere, spesso mostrando donne impegnate esclusivamente in attività domestiche, mentre gli uomini sono ritratti come figure autoritarie o professionisti di successo. Anche nei prodotti destinati ai bambini, come i giocattoli, si possono osservare queste dinamiche: le bambole vengono associate alla cura e alla bellezza, mentre i giochi "maschili" come costruzioni o veicoli sono legati all'azione, alla creazione e alla competizione. Questi messaggi, ripetuti continuamente, condizionano profondamente le aspettative di genere dei più giovani, modellando le loro aspirazioni e limitando la loro percezione di ciò che è possibile.

In un contesto di crescente influenza dei social media, gli stereotipi di genere continuano a trovare terreno fertile. Molte delle influencer di successo, ad esempio, si concentrano su temi legati alla moda, alla bellezza o al fitness, rinforzando l'idea che l'apparenza fisica sia il principale valore di una donna. Anche se esistono spazi virtuali più inclusivi e diversificati, la pressione per conformarsi a determinati ideali di bellezza e comportamento rimane forte, alimentata da migliaia di "mi piace" e commenti che approvano e rinforzano questi modelli stereotipati.

Quanto i media e la cultura popolare influenzano la nostra percezione di cosa significhi essere un uomo o una donna? Possiamo davvero dire di essere liberi di scegliere il nostro percorso se sin da piccoli veniamo bombardati da immagini e messaggi che ci dicono cosa "dovremmo" essere? E quale impatto ha tutto questo sulle nuove generazioni?

"I media non solo riflettono la realtà, ma la plasmano, perpetuando stereotipi che limitano la nostra libertà di essere autentici."

Gli stereotipi di genere non si manifestano solo nella sfera pubblica, ma hanno un impatto profondo sulle relazioni personali e sui ruoli all'interno della famiglia. Questi stereotipi influenzano le dinamiche relazionali, stabilendo aspettative rigide su come uomini e donne dovrebbero comportarsi nelle relazioni di coppia, nella genitorialità e nella gestione domestica. In molti contesti, le donne continuano a essere percepite come le principali responsabili della cura della casa e dei figli, anche quando lavorano fuori casa, mentre agli uomini è attribuito il ruolo di "breadwinner", il principale sostentatore economico.

Queste aspettative non solo creano un doppio standard nelle relazioni, ma generano anche disuguaglianze che spesso passano inosservate. La divisione del lavoro domestico, ad esempio, rimane una delle aree più influenzate dagli stereotipi di genere.

Nonostante i cambiamenti sociali e l'aumento della partecipazione femminile al mercato del lavoro, le donne continuano a svolgere la maggior parte del lavoro domestico e di cura, con un notevole carico mentale aggiuntivo rispetto ai loro partner maschili. Questo squilibrio non è solo il risultato di accordi espliciti tra i membri della coppia, ma deriva da una cultura che dà per scontato che certi compiti "appartengano" alle donne.

Gli stereotipi di genere influenzano anche le aspettative nei confronti degli uomini. Essi vengono spesso incoraggiati a reprimere le emozioni e a concentrarsi sulla carriera, piuttosto che sulla vita familiare o sulle relazioni affettive. La cultura dell'iper-mascolinità può portare gli uomini a sentire che il loro valore dipende dalla capacità di dimostrarsi forti, indipendenti e competitivi, scoraggiando espressioni di vulnerabilità o di empatia. Questo non solo danneggia gli uomini a livello personale, privandoli della possibilità di costruire relazioni più profonde e autentiche, ma perpetua dinamiche relazionali disfunzionali che alimentano le disuguaglianze di genere.

Nel contesto della genitorialità, gli stereotipi di genere giocano un ruolo altrettanto cruciale. Le madri sono spesso considerate le principali responsabili della cura dei figli, mentre i padri vengono relegati a un ruolo secondario, spesso definito come quello del "genitore divertente" o del "supporto economico". Questo squilibrio non solo penalizza le madri, che si trovano a gestire il carico emotivo e pratico della genitorialità, ma danneggia anche i padri, i quali vengono privati della possibilità di sviluppare una relazione più profonda e significativa con i propri figli. Gli stereotipi di genere all'interno della famiglia consolidano l'idea che le donne siano "naturalmente" più adatte alla cura, mentre gli uomini siano principalmente responsabili dell'aspetto economico, creando dinamiche che limitano entrambe le parti.

Queste aspettative influenzano anche il modo in cui uomini e donne affrontano i conflitti familiari. Le donne, ad esempio, sono spesso socializzate per evitare lo scontro, adottando un approccio più diplomatico e pacificatore. Gli uomini, al contrario, possono essere incoraggiati a gestire i conflitti in modo più diretto o addirittura aggressivo, in linea con il modello della mascolinità tradizionale che premia il controllo e la dominanza. Tali dinamiche, se non riconosciute e gestite, possono portare a relazioni squilibrate in cui una delle parti − spesso la donna − si trova a sacrificare i propri bisogni emotivi e professionali per mantenere l'armonia familiare.

La famiglia, che dovrebbe essere un luogo di affetto, sostegno e crescita reciproca, rischia così di diventare il teatro principale di una riproduzione degli stereotipi di genere. Senza una consapevolezza critica di queste dinamiche, gli stessi modelli vengono trasmessi alle generazioni successive, perpetuando un ciclo di disuguaglianza e limitazione dei ruoli, in cui le donne si vedono assegnare compiti di cura e gestione emotiva, e gli uomini sono incoraggiati a perseguire l'autonomia e il successo professionale.

Le dinamiche familiari sono tra i luoghi più sottili e invisibili dove gli stereotipi di genere si manifestano. Se i padri potessero abbracciare pienamente il loro ruolo di genitori, e le madri fossero sollevate dall'idea di dover gestire tutto, quanto più equilibrate e felici sarebbero le famiglie? Quanto il superamento di questi stereotipi potrebbe liberare entrambi i genitori dal peso delle aspettative culturali?

Il sistema educativo è un altro campo dove gli stereotipi di genere esercitano una forte influenza, modellando non solo le aspirazioni individuali, ma anche le opportunità future. Le scuole, da sempre considerate luoghi di crescita e sviluppo, spesso finiscono per rinforzare i ruoli di genere tradizionali, a volte inconsapevolmente. Dalle interazioni quotidiane tra insegnanti e studenti ai programmi scolastici, tutto contribuisce a plasmare una visione del mondo in cui le aspettative per ragazzi e ragazze sono profondamente diverse.

Gli insegnanti, ad esempio, tendono a trattare i bambini e le bambine in modo diverso, anche quando non ne sono consapevoli. Studi dimostrano che i ragazzi vengono incoraggiati a essere più attivi e intraprendenti, mentre le ragazze vengono spesso premiate per la loro diligenza e conformità. Questo crea una dinamica in cui i ragazzi si sentono più sicuri nell'assumere rischi e nel competere, mentre le ragazze imparano a essere più riservate e a cercare di compiacere. Di conseguenza, fin dalla prima infanzia, i bambini interiorizzano l'idea che esistano percorsi "maschili" e "femminili" che limitano le loro scelte future.

Nel contesto dell'orientamento scolastico, gli stereotipi di genere diventano ancora più evidenti. Le ragazze, ad esempio, sono spesso scoraggiate dall'intraprendere carriere nei campi STEM (scienza, tecnologia, ingegneria e matematica), mentre i ragazzi ricevono meno supporto se mostrano interesse per le arti o per professioni considerate "femminili", come l'insegnamento o la cura. Questa canalizzazione dei talenti in base al genere non solo limita le possibilità individuali, ma ha un impatto significativo sulla società, che perde il contributo di giovani donne e uomini che potrebbero eccellere in campi non tradizionalmente associati al loro sesso.

Anche i materiali didattici spesso perpetuano gli stereotipi di genere. Nei libri di testo, ad esempio, le donne sono spesso rappresentate in ruoli tradizionali o subordinati, come madri o insegnanti, mentre gli uomini vengono raffigurati come scienziati, imprenditori o leader. Queste immagini influenzano la percezione dei bambini riguardo ai ruoli che possono aspirare a ricoprire. Se i modelli di successo che vedono sono prevalentemente maschili, è più probabile che le ragazze sviluppino una mancanza di fiducia nelle loro capacità di eccellere in quei campi.

Tuttavia, l'educazione ha anche il potenziale per essere uno strumento potente di cambiamento sociale. Le scuole possono promuovere una cultura dell'inclusività e della parità, offrendo modelli alternativi e stimolando una riflessione critica sugli stereotipi di genere. L'introduzione di corsi che promuovano il rispetto delle differenze di genere e la valorizzazione di tutti i talenti, indipendentemente dal sesso, può aiutare a superare questi pregiudizi fin dall'infanzia. Inoltre, è essenziale che gli insegnanti ricevano una formazione adeguata per riconoscere e contrastare i propri bias di genere, così da non perpetuare inconsapevolmente le disuguaglianze.

Quanto profondamente siamo influenzati dalle aspettative di genere che ci vengono inculcate durante la nostra educazione? Se le scuole diventassero luoghi in cui tutti i talenti vengono incoraggiati e supportati, indipendentemente dal sesso, quali nuove opportunità si aprirebbero per i giovani?

"L'educazione non dovrebbe insegnare ai bambini chi dovrebbero essere, ma ispirarli a scoprire chi possono diventare."

Il superamento degli stereotipi di genere è un passo cruciale verso la costruzione di una società più equa e inclusiva, dove ognuno possa esprimere liberamente il proprio potenziale, senza essere limitato da pregiudizi o aspettative culturali. Tuttavia, questo processo richiede un cambiamento profondo e strutturale che coinvolga non solo le istituzioni, ma anche le persone a livello individuale.

Per contrastare gli stereotipi di genere, è fondamentale adottare un approccio intersezionale che tenga conto delle molteplici identità e delle esperienze diverse che uomini e donne vivono. Il genere non è l'unico asse di discriminazione: etnia, classe sociale, orientamento sessuale e abilità fisiche sono altre variabili che si intersecano e modellano l'esperienza individuale. Un approccio intersezionale ci consente di comprendere come le diverse forme di oppressione si sovrappongano e si rinforzino reciprocamente, rendendo necessario un impegno che sia sensibile a tutte queste dimensioni.

A livello istituzionale, le politiche pubbliche devono promuovere attivamente l'uguaglianza di genere, attraverso interventi che vadano oltre le leggi formali e si concentrino anche sul cambiamento culturale. Ad esempio, l'implementazione di programmi educativi che abbiano l'obiettivo di destrutturare gli stereotipi di genere e promuovere la parità di opportunità è un passo essenziale. Le scuole, i media e le aziende devono impegnarsi a offrire rappresentazioni più equilibrate dei ruoli di genere, così che ragazzi e ragazze possano crescere senza sentirsi vincolati a modelli prefissati.

Anche il ruolo delle famiglie è cruciale in questo cambiamento. I genitori, spesso inconsapevolmente, trasmettono gli stessi stereotipi che hanno interiorizzato durante la loro crescita. Educare i genitori e fornire loro strumenti per crescere figli e figlie liberi da pregiudizi è un passo essenziale per spezzare il ciclo di perpetrazione degli stereotipi. Solo attraverso una collaborazione tra individui, istituzioni e comunità possiamo sperare di creare una società dove il genere non sia un limite, ma una parte di una più ampia diversità da celebrare.

Il superamento degli stereotipi di genere non è un obiettivo irraggiungibile, ma richiede un impegno collettivo e costante da parte di tutti gli attori sociali: famiglie, scuole, istituzioni e media. Quanto più siamo disposti a mettere in discussione le norme culturali che ci sono state tramandate, tanto più saremo capaci di costruire una società in cui uomini e donne possano crescere liberi di esprimere tutto il loro potenziale, senza essere confinati da aspettative limitanti. Se desideriamo una società equa e inclusiva, dobbiamo essere disposti a fare un passo indietro e riconoscere che, per troppo tempo, gli stereotipi di genere hanno influenzato le nostre vite e quelle delle generazioni future.

Per superare queste barriere invisibili, è necessario adottare una prospettiva che favorisca il dialogo e l'empatia. Gli stereotipi non possono essere eliminati con la semplice imposizione di leggi o regole, ma richiedono un cambiamento profondo nelle nostre mentalità. È attraverso l'ascolto delle esperienze degli altri, la comprensione delle loro lotte e il riconoscimento dei nostri pregiudizi che possiamo avviare un processo di trasformazione reale. La costruzione di una cultura che valorizzi la diversità e l'inclusione è un processo che deve partire dal basso, coinvolgendo ciascun individuo nella lotta contro i pregiudizi che limitano la nostra società.

Riusciremo a creare una società in cui i bambini non crescano con l'idea di dover conformarsi a un'idea prestabilita di mascolinità o femminilità? Se ogni individuo fosse incoraggiato a seguire le proprie passioni, indipendentemente dal genere, quanto più ricca e creativa diventerebbe la nostra comunità?

"Superare gli stereotipi di genere non è solo un atto di giustizia, ma un atto di liberazione collettiva."

Il ruolo dei media e dell'educazione nel superamento degli stereotipi di genere non può essere sottovalutato. Se i media hanno a lungo perpetuato modelli di genere limitanti, possono anche essere uno strumento potente per trasformare le narrazioni e promuovere l'uguaglianza. La rappresentazione mediatica può influenzare profondamente le percezioni e i comportamenti del pubblico. Programmi televisivi, film e pubblicità che mostrano donne in ruoli di leadership, uomini in ruoli di cura o famiglie che sfidano le convenzioni di genere possono avere un impatto significativo nel ridefinire le aspettative sociali.

Ad esempio, le recenti campagne pubblicitarie di aziende che scelgono di mostrare uomini impegnati nelle attività domestiche o padri che si prendono cura dei figli rappresentano un passo avanti nel tentativo di spezzare l'immagine stereotipata della mascolinità. Allo stesso modo, le serie televisive che raffigurano donne in posizioni di potere, senza che la loro femminilità venga "messa in discussione", aiutano a normalizzare l'idea che i ruoli di leadership non appartengano a un genere specifico.

Anche l'educazione gioca un ruolo centrale nella lotta contro gli stereotipi di genere. Le scuole hanno la responsabilità di fornire un ambiente dove bambini e bambine possano esplorare i propri interessi e talenti senza essere limitati dalle aspettative tradizionali. È fondamentale che gli insegnanti ricevano una formazione adeguata per riconoscere i propri bias di genere e lavorare attivamente per contrastarli. Inoltre, è importante che i curricula scolastici siano rivisti per garantire che non perpetuino rappresentazioni stereotipate.

L'introduzione di programmi di educazione all'uguaglianza di genere fin dalla tenera età può avere un impatto duraturo nella creazione di una generazione più consapevole e aperta al cambiamento. Questo tipo di educazione non riguarda solo le questioni di genere, ma promuove un pensiero critico che aiuta i giovani a riconoscere e sfidare tutte le forme di discriminazione e disuguaglianza.

Se i media e l'educazione si impegnassero a sfidare gli stereotipi di genere anziché perpetuarli, come cambierebbe la nostra società? Quale effetto potrebbe avere una rappresentazione più inclusiva e diversificata su come percepiamo noi stessi e gli altri?

"I media e l'educazione non sono solo specchi della società, ma strumenti per plasmarla e renderla più equa."

Superare gli stereotipi di genere non significa solo migliorare la vita delle donne e degli uomini individualmente, ma ha benefici profondi per l'intera società. Quando permettiamo agli individui di esprimere liberamente il loro potenziale, senza essere vincolati a ruoli di genere rigidi, creiamo una comunità più creativa, produttiva e innovativa. Le aziende che promuovono l'uguaglianza di genere e valorizzano la diversità, ad esempio, tendono a ottenere migliori risultati in termini di redditività, innovazione e soddisfazione dei dipendenti.

Le organizzazioni che rifiutano gli stereotipi di genere sono in grado di attrarre e trattenere talenti provenienti da una varietà di background e con competenze diverse. Questo porta a una maggiore capacità di risolvere problemi complessi e di rispondere alle esigenze di un mercato globale in continua evoluzione. Inoltre, una forza lavoro più diversificata contribuisce a creare un ambiente di lavoro più inclusivo e stimolante, dove le persone si sentono apprezzate e rispettate per quello che sono, piuttosto che per il ruolo di genere che ricoprono.

Ma i benefici non si limitano solo al mondo del lavoro. Quando gli stereotipi di genere vengono superati, anche le famiglie e le comunità ne traggono vantaggio. Relazioni più egualitarie tra uomini e donne portano a un maggiore benessere emotivo e a una riduzione dello stress, poiché i ruoli di cura e responsabilità vengono condivisi più equamente. I bambini crescono in ambienti in cui vedono modelli positivi di collaborazione e rispetto reciproco tra i sessi, il che li prepara a costruire relazioni più sane e soddisfacenti nella loro vita adulta.

Infine, il superamento degli stereotipi di genere contribuisce anche a una maggiore giustizia sociale. Quando gli individui non sono più giudicati in base al loro genere, ma per le loro capacità e ambizioni, la società diventa più equa e democratica. Ogni persona ha l'opportunità di contribuire al meglio delle proprie possibilità, e le barriere che impediscono l'accesso alle opportunità vengono smantellate, rendendo il mondo un luogo più giusto per tutti.

Se riuscissimo a creare una società in cui nessuno fosse limitato dagli stereotipi di genere, come cambierebbe il nostro modo di vivere, lavorare e relazionarci con gli altri? È forse questa la strada verso una società più felice, creativa e giusta?

"Il superamento degli stereotipi di genere non è solo un passo verso l'uguaglianza, ma un atto di liberazione per l'intera società."

Il superamento degli stereotipi di genere rappresenta una delle sfide più cruciali del nostro tempo, ma è anche un'opportunità senza precedenti per creare una società più inclusiva, equa e prospera. Gli stereotipi di genere non sono un destino immutabile, ma costrutti culturali che possiamo smantellare, pezzo dopo pezzo, attraverso l'educazione, la consapevolezza e l'azione collettiva.

Per farlo, dobbiamo riconoscere che la lotta contro gli stereotipi non riguarda solo le donne, ma coinvolge tutte le persone. Rifiutare i ruoli di genere preconfezionati significa permettere a ciascuno di noi di esprimere liberamente il proprio potenziale, senza essere costretti in schemi rigidi e limitanti. È un atto di liberazione che non solo migliorerà la qualità della vita individuale, ma trasformerà anche la nostra società in un luogo più aperto e giusto.

"Superare gli stereotipi di genere è il primo passo verso la creazione di una società in cui ognuno possa finalmente essere se stesso."

Capitolo 7

La Parità di Genere sul Lavoro

Sfide e Prospettive per un Futuro Equo

Nonostante decenni di progressi verso l'uguaglianza, la disuguaglianza di genere nel mondo del lavoro rimane una delle questioni più pressanti della nostra epoca. In tutto il mondo, le donne continuano a essere pagate meno degli uomini, a subire discriminazioni nelle promozioni e a trovarsi escluse dai ruoli di leadership. Questo squilibrio non è solo ingiusto dal punto di vista etico, ma rappresenta anche uno spreco di risorse umane e un ostacolo alla crescita economica complessiva.

Le cause della disuguaglianza sul lavoro sono complesse e stratificate. Un elemento chiave è il gender pay gap, ovvero la differenza retributiva tra uomini e donne che, anche a parità di ruolo e qualifiche, persiste in molti settori e Paesi. La natura del lavoro svolto dalle donne, spesso concentrato in settori meno remunerativi come l'educazione, l'assistenza sociale o i lavori part-time, amplifica questo divario. Ma anche nelle professioni più remunerative, come quelle legate alla finanza, alla tecnologia o al diritto, le donne guadagnano in media meno dei loro colleghi maschi, con un divario che si allarga ulteriormente per le donne di colore o appartenenti a minoranze etniche.

Le donne, inoltre, affrontano un fenomeno noto come soffitto di vetro, una barriera invisibile che impedisce loro di avanzare nelle gerarchie aziendali. Nonostante siano sempre più qualificate e presenti nel mercato del lavoro, le posizioni di vertice rimangono largamente dominate dagli uomini. Il soffitto di vetro è sostenuto da pregiudizi di genere, ma anche da politiche aziendali e dinamiche di potere che non tengono conto delle esigenze specifiche delle donne, come la necessità di conciliare lavoro e famiglia o il maggior carico mentale che spesso si trovano a gestire.

Se il mercato del lavoro fosse davvero equo, le donne non dovrebbero lavorare di più e più duramente per guadagnare lo stesso rispetto e riconoscimento dei loro colleghi maschi. Quanto talento viene perso ogni giorno a causa di questo squilibrio, e quanto più prospera sarebbe la nostra economia se a tutte le persone venisse data una reale parità di opportunità?

"La disuguaglianza di genere non è solo una questione morale, è un costo che la società non può più permettersi di sostenere."

Il gender pay gap è uno dei fenomeni più documentati e discussi nell'ambito delle disuguaglianze di genere sul lavoro. Nonostante i numerosi sforzi legislativi per ridurre questa disparità, le donne continuano a guadagnare meno degli uomini in quasi tutti i settori e Paesi. Questo fenomeno ha radici storiche e culturali profonde, ma è anche alimentato da dinamiche economiche e istituzionali che perpetuano l'iniquità.

Una delle cause principali del gender pay gap è la segregazione occupazionale. Le donne sono sovrarappresentate in settori che tradizionalmente offrono salari più bassi, come l'insegnamento, l'assistenza sanitaria e i servizi sociali. Al contrario, gli uomini dominano settori più remunerativi come la tecnologia, l'ingegneria e la finanza. Questo squilibrio è il prodotto di una lunga storia di stereotipi di genere che hanno spinto le donne verso professioni di "cura", considerate meno prestigiose e remunerative.

Un'altra causa significativa è la discriminazione salariale diretta. In molti contesti, le donne sono pagate meno degli uomini per lo stesso lavoro, nonostante le leggi che impongono la parità retributiva. Questo può essere il risultato di negoziazioni salariali meno aggressive da parte delle donne, ma anche di pregiudizi impliciti da parte dei datori di lavoro, che valutano il contributo delle lavoratrici in modo meno favorevole rispetto a quello dei lavoratori uomini.

Il gender pay gap è esacerbato anche dalla discriminazione legata alla maternità. Le donne che scelgono di avere figli spesso vedono la loro carriera rallentare o addirittura fermarsi, mentre i padri raramente subiscono conseguenze simili. Questo fenomeno, noto come "penalità della maternità", porta molte donne a ridurre le ore di lavoro o a rinunciare del tutto alle opportunità di carriera, aumentando ulteriormente il divario salariale. La mancanza di congedi parentali equamente distribuiti tra i sessi e di politiche aziendali che sostengano la conciliazione tra lavoro e famiglia contribuisce a mantenere questa disuguaglianza.

Le soluzioni al gender pay gap devono essere strutturali e non limitarsi a interventi superficiali. Le aziende devono adottare politiche di trasparenza salariale, in cui le retribuzioni siano pubbliche e facilmente confrontabili, per evitare discriminazioni nascoste. Inoltre, è essenziale promuovere la flessibilità lavorativa, affinché le donne non debbano scegliere tra carriera e famiglia. Infine, la formazione e la sensibilizzazione sui pregiudizi di genere devono diventare parte integrante della cultura aziendale, per eliminare le barriere invisibili che limitano la crescita professionale delle donne.

Il gender pay gap non è un fenomeno inevitabile, ma il risultato di dinamiche sociali ed economiche che possono essere cambiate. Quali sono le responsabilità delle istituzioni e delle aziende nel garantire che le donne ricevano lo stesso compenso per lo stesso lavoro? E cosa possiamo fare, come individui, per promuovere la trasparenza e l'equità nei nostri luoghi di lavoro?

"Il gender pay gap non è solo una questione di soldi, ma di giustizia: ogni giorno che passa senza affrontarlo è un giorno perso nella lotta per l'uguaglianza."

La cultura aziendale gioca un ruolo fondamentale nel mantenimento delle disuguaglianze di genere sul lavoro. Anche le aziende che adottano politiche di inclusione e diversità possono trovarsi a perpetuare dinamiche sessiste, spesso a livello implicito e invisibile. Questo accade perché la cultura aziendale non è fatta solo di regole scritte, ma anche di comportamenti informali, tradizioni e aspettative che modellano la vita quotidiana sul posto di lavoro.

Il sessismo sul lavoro si manifesta in molte forme, dalle microaggressioni ai commenti sessisti, dalle pratiche di esclusione dalle opportunità di crescita fino al mobbing. Le donne, soprattutto in contesti professionali dominati dagli uomini, devono spesso affrontare commenti svalutativi riguardo alle loro competenze, essere interrotte durante le riunioni o vedere le loro idee attribuite ai colleghi maschi. Questi comportamenti, seppur minori nel singolo evento, creano un ambiente ostile che mina la fiducia in sé stesse e limita le possibilità di avanzamento professionale.

Il doppio standard con cui uomini e donne vengono giudicati è un altro aspetto critico della cultura aziendale. Le donne in ruoli di leadership, ad esempio, devono spesso camminare su un filo sottile: devono essere abbastanza assertive da farsi rispettare, ma non troppo aggressive da essere percepite come antipatiche o "difficili". Gli uomini, al contrario, sono premiati per la loro determinazione e assertività, e raramente subiscono le stesse critiche quando assumono atteggiamenti autoritari.

Inoltre, le aspettative legate al genere influenzano il modo in cui le donne vengono valutate nelle loro performance. Le ricerche mostrano che le donne devono lavorare più duramente per ottenere lo stesso riconoscimento degli uomini. Questo è particolarmente vero nei settori competitivi, dove le donne devono dimostrare continuamente il proprio valore per superare i pregiudizi impliciti che le vedono come meno capaci o meno ambiziose.

Per affrontare il sessismo nella cultura aziendale, le aziende devono promuovere un cambiamento radicale nel modo in cui vengono gestite le relazioni e le dinamiche interne. La formazione sui pregiudizi inconsci deve essere parte integrante della cultura aziendale, così come la creazione di ambienti sicuri in cui le donne possano esprimersi senza timore di ritorsioni. Le politiche contro le molestie e la discriminazione devono essere rafforzate, e devono esserci meccanismi chiari e accessibili per denunciare comportamenti inappropriati.

Il sessismo sul lavoro non si manifesta sempre in modo evidente, ma spesso si nasconde dietro commenti o atteggiamenti che sembrano innocui, ma che nel lungo termine erodono il rispetto e l'equità in azienda. Se le donne devono costantemente dimostrare il proprio valore, mentre agli uomini viene automaticamente riconosciuto, quanta energia si spreca a combattere pregiudizi anziché costruire una carriera basata sul merito? E quanto più prospero e produttivo potrebbe essere un ambiente di lavoro in cui ogni dipendente, indipendentemente dal genere, viene trattato con equità e rispetto?

"Il sessismo sul lavoro non è sempre un urlo: a volte è un sussurro costante che spegne la fiducia e l'ambizione delle donne."

La conciliazione tra lavoro e famiglia è una delle principali sfide che le donne affrontano nel mondo del lavoro. Nonostante l'aumento della partecipazione femminile nel mercato del lavoro, molte donne si trovano ancora a dover affrontare il doppio carico: da un lato, la carriera professionale e, dall'altro, la gestione delle responsabilità familiari. Questa doppia responsabilità, che spesso non è equamente condivisa con i partner maschi, limita significativamente le opportunità di crescita delle donne e contribuisce alla disuguaglianza di genere.

Uno dei principali ostacoli alla conciliazione è la mancanza di flessibilità lavorativa. Molte aziende richiedono una presenza costante e prolungata sul posto di lavoro, rendendo difficile per le donne − soprattutto per quelle con figli − gestire i tempi della vita familiare. Sebbene il lavoro da remoto e gli orari flessibili stiano guadagnando terreno, molte organizzazioni continuano a privilegiare un modello di lavoro tradizionale, basato sulla presenza fisica e su orari rigidi, che penalizza chi deve gestire responsabilità familiari.

La maternità, in particolare, rappresenta uno dei momenti più critici nella carriera di una donna. Molte donne vedono la loro carriera rallentare o fermarsi completamente dopo aver avuto figli, a causa della mancanza di politiche aziendali che sostengano un rientro flessibile o che offrano opportunità di crescita anche durante il periodo di maternità. La "penalità della maternità" non si manifesta solo in termini di salario, ma anche in termini di promozioni mancate, accesso a progetti di alto profilo e perdita di visibilità all'interno dell'azienda.

Un altro aspetto critico è la mancanza di supporto strutturale, come l'assenza di servizi adeguati per la cura dei figli. Nei Paesi dove l'accesso a strutture per l'infanzia è limitato o costoso, molte donne si trovano costrette a ridurre le ore di lavoro o a scegliere il part-time, con conseguenti effetti negativi sulla carriera e sulle retribuzioni a lungo termine. Al contrario, Paesi che offrono un sostegno significativo in termini di congedi parentali retribuiti e accesso a servizi di cura per l'infanzia vedono un maggiore equilibrio tra i generi nel mercato del lavoro.

Le aziende che comprendono l'importanza di sostenere la conciliazione tra vita lavorativa e familiare tendono a beneficiare di una maggiore fedeltà e produttività da parte dei dipendenti. La flessibilità lavorativa non solo aiuta le donne, ma favorisce anche gli uomini che desiderano essere più coinvolti nella vita familiare. La creazione di un ambiente lavorativo che valorizzi l'equilibrio tra lavoro e vita privata non dovrebbe essere vista come una concessione, ma come un investimento nella soddisfazione e nella produttività dei dipendenti.

Se il peso della gestione familiare fosse equamente distribuito tra uomini e donne, quante più donne potrebbero crescere professionalmente senza sacrificare la loro vita privata? E come potrebbe cambiare la qualità del lavoro e della vita se le aziende riconoscessero che la flessibilità non è una debolezza, ma una forza che migliora il benessere complessivo?

"L'equilibrio tra lavoro e famiglia non è un lusso, ma un diritto che ogni persona dovrebbe poter rivendicare senza penalizzazioni."

Le donne nei ruoli di leadership rappresentano una delle maggiori sfide e opportunità per il futuro del mondo del lavoro. Nonostante siano sempre più presenti nei ranghi medi delle aziende, la loro ascesa ai vertici rimane ostacolata da una serie di fattori che vanno dai pregiudizi di genere alle strutture di potere dominanti. Il mondo del lavoro è ancora fortemente improntato su modelli di leadership maschile, che enfatizzano tratti come l'aggressività, la competitività e l'indipendenza, lasciando poco spazio per uno stile di leadership più inclusivo e collaborativo, che molte donne potrebbero adottare.

Gli studi dimostrano che le donne in posizioni di leadership tendono a portare una prospettiva diversa rispetto ai loro colleghi maschi, promuovendo una cultura aziendale più inclusiva, attenta alle dinamiche di gruppo e orientata alla cooperazione. Inoltre, le aziende che hanno una maggiore diversità di genere nei ruoli dirigenziali tendono a essere più innovative e a prendere decisioni più ponderate, grazie alla varietà di punti di vista e approcci che la diversità di genere può offrire. Nonostante questi vantaggi, molte donne continuano a incontrare ostacoli significativi nella loro ascesa ai vertici.

Uno degli ostacoli principali è la mancanza di modelli di riferimento femminili. In molti settori, le donne hanno pochi o nessun esempio di altre donne che hanno raggiunto posizioni di potere, il che può rendere più difficile immaginare e perseguire un simile percorso. Senza modelli di riferimento visibili, molte donne possono sentire che il raggiungimento di posizioni di vertice sia fuori dalla loro portata, e questo può limitare la loro ambizione o farle dubitare delle proprie capacità.

Le reti di mentoring e il sostegno tra donne possono fare una grande differenza nel superare questi ostacoli. Le donne che hanno raggiunto posizioni di potere possono aiutare le altre a navigare nelle complessità del mondo del lavoro, offrendo consigli, supporto e, soprattutto, l'ispirazione necessaria per continuare a progredire. Le aziende che investono in programmi di mentoring per le donne, o che creano opportunità di networking specifiche per loro, tendono a vedere risultati positivi non solo in termini di parità di genere, ma anche di performance aziendale.

Per favorire l'ascesa delle donne nei ruoli di leadership, è essenziale che le aziende rivedano le loro politiche di promozione e avanzamento, assicurando che le donne abbiano le stesse opportunità degli uomini di accedere a progetti di alto profilo e a incarichi che favoriscano la loro crescita professionale. Inoltre, è necessario affrontare i pregiudizi impliciti che ancora vedono le donne come meno adatte ai ruoli di comando, sfidando l'idea che la leadership debba conformarsi a tratti tradizionalmente maschili.
Se le donne avessero lo stesso accesso alle opportunità di leadership degli uomini, quanto più diversificato e inclusivo diventerebbe il mondo del lavoro? Potrebbe essere proprio la presenza di più donne al vertice la chiave per affrontare le sfide future con un approccio più innovativo e collaborativo?

"Il vero potenziale della leadership non può essere pienamente realizzato finché metà della popolazione resta fuori dai tavoli decisionali."

Le disuguaglianze di genere nel mondo del lavoro non possono essere superate solo attraverso interventi individuali o iniziative aziendali isolate: serve un cambiamento strutturale che coinvolga tanto le politiche pubbliche quanto quelle aziendali. È necessario un approccio integrato che combini leggi, politiche e pratiche concrete per promuovere una reale uguaglianza di genere.

Uno degli strumenti più efficaci per promuovere l'uguaglianza di genere sul lavoro è la trasparenza salariale. Paesi che hanno introdotto normative che richiedono alle aziende di rendere pubblici i salari e le differenze retributive tra uomini e donne hanno visto una riduzione significativa del gender pay gap. La trasparenza non solo scoraggia le discriminazioni, ma incoraggia anche le aziende a rivedere le proprie politiche retributive per garantire maggiore equità.

Un altro strumento cruciale è la promozione di congedi parentali equamente distribuiti. In molti Paesi, il congedo parentale è ancora considerato una responsabilità principalmente femminile, con conseguenze significative sulla carriera delle donne. I congedi di paternità brevi o poco incentivati rafforzano l'idea che la cura dei figli sia un compito principalmente delle madri, lasciando gli uomini fuori dalla gestione familiare e le donne caricate di maggiori responsabilità domestiche. Promuovere politiche di congedo parentale condiviso e retribuito, in cui entrambi i genitori abbiano diritto e incentivo a prendersi cura dei figli in uguale misura, non solo favorisce un equilibrio maggiore tra lavoro e famiglia, ma contribuisce anche a ridurre le discriminazioni legate alla maternità che molte donne subiscono nel contesto lavorativo.

L'implementazione di politiche che favoriscano la flessibilità lavorativa, come il lavoro da remoto, il part-time e l'orario flessibile, è essenziale per sostenere le donne nel bilanciamento tra vita lavorativa e vita privata. Aziende che promuovono una cultura della flessibilità non solo favoriscono l'inclusione delle donne, ma creano un ambiente di lavoro più sostenibile per tutti i dipendenti, uomini inclusi, che desiderano conciliare meglio le loro responsabilità professionali e familiari.

A livello di politiche aziendali, le imprese devono impegnarsi attivamente per promuovere la diversità di genere, non solo attraverso l'introduzione di normative contro la discriminazione, ma anche favorendo programmi di mentoring e formazione continua che supportino la crescita professionale delle donne. Molte aziende stanno introducendo quote di genere per garantire una rappresentanza equilibrata nei consigli di amministrazione e nei ruoli dirigenziali, e i risultati dimostrano che la diversità porta a decisioni più inclusive e prospettive più ampie nelle strategie aziendali.

Anche le politiche pubbliche devono sostenere questo cambiamento. I governi devono continuare a promuovere leggi che obblighino le aziende a rispettare i principi di equità salariale e di inclusione. Misure come incentivi fiscali per le aziende che dimostrano un reale impegno verso l'uguaglianza di genere, o sanzioni per quelle che continuano a perpetuare disparità retributive, possono accelerare il cambiamento. Inoltre, gli Stati devono garantire un accesso equo e universale a servizi di cura per l'infanzia, così da sostenere le famiglie e permettere alle donne di tornare al lavoro senza essere penalizzate.

Infine, è fondamentale cambiare la mentalità collettiva attraverso campagne di sensibilizzazione che sfidino i pregiudizi di genere e promuovano una visione del lavoro e della leadership più inclusiva. Queste campagne, promosse da governi, aziende e organizzazioni della società civile, possono aiutare a modificare la percezione tradizionale dei ruoli di genere, favorendo una cultura che incoraggi tutti, indipendentemente dal sesso, a seguire le proprie aspirazioni professionali senza limitazioni.
La parità di genere nel mondo del lavoro non è solo una questione di giustizia sociale, ma un obiettivo che richiede un impegno collettivo, strutturale e sistemico. Come potrebbero cambiare le nostre società se i governi, le aziende e gli individui

lavorassero insieme per eliminare gli ostacoli che limitano le opportunità delle donne?

"L'uguaglianza di genere non è un obiettivo individuale: è una responsabilità collettiva che riguarda l'intera società."

Il futuro del lavoro deve necessariamente passare attraverso un ripensamento delle dinamiche di genere. L'innovazione tecnologica, la globalizzazione e le trasformazioni del mercato del lavoro offrono l'opportunità di costruire un sistema più inclusivo, in cui le barriere che hanno storicamente limitato le donne possano essere superate. Tuttavia, per raggiungere una vera parità di genere, è necessario che il cambiamento avvenga su più livelli: istituzionale, aziendale e culturale.

Il lavoro del futuro sarà sempre più caratterizzato da tecnologie avanzate, come l'intelligenza artificiale e l'automazione. In questo contesto, le donne devono essere incoraggiate e supportate nell'accesso alle competenze digitali e tecniche necessarie per prosperare nei settori del futuro, in particolare nei campi della scienza, tecnologia, ingegneria e matematica (STEM), dove la loro presenza è ancora troppo bassa. Iniziative che promuovono la formazione femminile in questi ambiti sono fondamentali per garantire che le donne non vengano escluse dalle opportunità lavorative che emergeranno nei prossimi decenni.

Le aziende del futuro devono abbracciare la diversità di genere non solo come una questione morale, ma come un vantaggio competitivo. Gli studi dimostrano che le aziende con una maggiore diversità di genere sono più innovative, prendono decisioni migliori e ottengono risultati finanziari superiori. Creare ambienti di lavoro in cui le donne possano prosperare, avanzare e assumere posizioni di leadership è essenziale per affrontare le sfide globali che il mondo del lavoro dovrà affrontare, dall'innovazione tecnologica al cambiamento climatico.

Parallelamente, sarà necessario ridefinire le norme sociali che ancora oggi limitano la partecipazione delle donne al mercato del lavoro e le relegano a ruoli di cura non retribuiti. Il lavoro di cura – come la cura dei bambini, degli anziani e della casa – deve essere riconosciuto e valorizzato a livello sociale ed economico. Solo quando questo tipo di lavoro sarà equamente distribuito tra uomini e donne, e quando verranno creati sistemi di supporto adeguati per gestirlo, sarà possibile garantire una reale parità di opportunità.

Un altro aspetto cruciale sarà la flessibilità lavorativa. Il futuro del lavoro richiederà modelli più flessibili che permettano ai dipendenti di gestire le loro responsabilità professionali e personali in modo equilibrato. Questo significa non solo orari flessibili e lavoro da remoto, ma anche una revisione delle aspettative di produttività e della cultura del "lavoro continuo", che spesso penalizza le donne e limita il loro accesso alle opportunità di carriera.

Infine, il futuro del lavoro dipenderà anche dalla capacità delle società di promuovere un cambiamento culturale duraturo. Le norme di genere devono essere riformulate, e tutti, uomini e donne, devono essere incoraggiati a sfidare gli stereotipi e a costruire carriere in base alle proprie capacità e aspirazioni, non in base a ciò che la società si aspetta dal loro genere. La parità di genere nel lavoro sarà raggiunta solo quando ogni individuo avrà la libertà di scegliere il proprio percorso professionale senza limitazioni o pregiudizi.
Il futuro del lavoro può essere il contesto in cui la parità di genere diventa finalmente una realtà, ma solo se ci impegniamo a ripensare profondamente le dinamiche di potere, i modelli or-

ganizzativi e le norme culturali che finora hanno limitato le opportunità delle donne. Siamo pronti a cogliere questa opportunità e a costruire un futuro in cui ogni persona, indipendentemente dal genere, possa realizzare il proprio pieno potenziale?

"Il futuro del lavoro sarà inclusivo solo se includerà veramente tutti: donne, uomini, e ogni forma di diversità che arricchisce le nostre società."

La parità di genere nel lavoro non è solo un obiettivo etico, ma una necessità per costruire un futuro più prospero, innovativo e sostenibile. Le sfide che le donne continuano a incontrare sul posto di lavoro – dal gender pay gap alla conciliazione tra vita privata e professionale, dalla mancanza di rappresentanza nei ruoli di leadership al sessismo culturale – non sono ostacoli insormontabili, ma richiedono un impegno collettivo per essere superati.

Le politiche pubbliche, le pratiche aziendali e il cambiamento culturale devono convergere verso un obiettivo comune: creare un mondo del lavoro in cui le opportunità non siano limitate dal genere, ma siano basate sul merito, sulle competenze e sulle aspirazioni individuali. Solo quando avremo eliminato le barriere che impediscono alle donne di realizzare il proprio potenziale, potremo parlare di un vero progresso.

"La parità di genere non è solo un traguardo da raggiungere: è il fondamento su cui costruire un futuro più giusto e prospero per tutti."

Capitolo 8

L'Empowerment Economico Femminile

La Chiave per il Cambiamento Sociale

L'empowerment economico femminile è un concetto cruciale per la promozione dell'uguaglianza di genere e per la trasformazione delle società moderne. Si riferisce al processo attraverso il quale le donne acquisiscono il potere e la capacità di prendere decisioni economiche significative che riguardano la loro vita personale, familiare e sociale. Questo processo implica non solo l'accesso alle risorse economiche, come il reddito, il credito e la proprietà, ma anche la possibilità di partecipare pienamente e attivamente alle attività economiche, in ruoli che vanno oltre quelli tradizionalmente assegnati alle donne.

L'empowerment economico va oltre il mero accesso al lavoro. Significa poter scegliere la propria carriera, poter accedere a opportunità di crescita e sviluppo, e avere il controllo sulle risorse finanziarie e materiali necessarie per garantire una vita indipendente. Quando le donne sono economicamente indipendenti, non solo migliorano la propria condizione di vita, ma contribuiscono in modo significativo allo sviluppo economico delle loro comunità e nazioni.

Per comprendere appieno l'importanza dell'empowerment economico femminile, è essenziale riconoscere le barriere che ancora oggi impediscono alle donne di raggiungere la piena autonomia economica. La discriminazione salariale, la segregazione occupazionale, la mancanza di accesso al credito e alle risorse imprenditoriali, e la limitata partecipazione alle decisioni economiche sono tutti fattori che frenano la piena realizzazione delle donne in ambito economico. Il cambiamento deve essere sistemico: non si tratta solo di aumentare il numero di donne nel mercato del lavoro, ma di garantire che possano accedere alle stesse opportunità, diritti e risorse degli uomini.

Se l'empowerment economico femminile diventasse una priorità globale, quanto più prospera e resiliente sarebbe la nostra economia? E in che modo la società ne trarrebbe vantaggio, se ogni donna avesse il potere di prendere decisioni economiche libere dai vincoli della disuguaglianza?

"L'empowerment economico delle donne non solo trasforma le vite individuali, ma è la chiave per una società più giusta e fiorente."

Uno dei principali ostacoli all'empowerment economico femminile è la mancanza di accesso al credito e ai servizi finanziari. In molte parti del mondo, le donne hanno un accesso limitato ai prestiti, ai conti bancari e alle risorse finanziarie necessarie per avviare un'impresa o investire nelle proprie competenze. La discriminazione finanziaria è ancora una realtà che colpisce milioni di donne, soprattutto nei Paesi in via di sviluppo, dove la tradizione e le norme sociali limitano il controllo delle donne sulle risorse economiche e patrimoniali.

La finanza inclusiva rappresenta una delle soluzioni più efficaci per superare questa barriera. Essa si basa sul principio che ogni individuo, indipendentemente dal sesso, dal reddito o dalla posizione sociale, dovrebbe avere accesso a servizi finanziari adeguati. Per le donne, ciò significa non solo poter aprire un conto in banca, ma anche ottenere finanziamenti a condizioni eque per sviluppare le proprie attività imprenditoriali. Molte donne, infatti, sono costrette a rivolgersi a forme informali di finanziamento, che spesso comportano tassi di interesse elevati e condizioni sfavorevoli, limitando la loro capacità di espandere e consolidare le loro attività.

La microfinanza, in particolare, ha dimostrato di essere uno strumento potente per l'empowerment femminile. Attraverso piccoli prestiti concessi a donne imprenditrici, spesso in contesti rurali o emarginati, la microfinanza ha permesso a milioni di donne di avviare attività imprenditoriali e di migliorare la propria condizione economica e quella delle loro famiglie. Tuttavia, affinché la microfinanza sia realmente efficace, è necessario che venga accompagnata da programmi di educazione finanziaria e di supporto alle imprenditrici, per garantire che le donne possano gestire in modo sostenibile e profittevole le risorse ricevute.

In un contesto globale, l'accesso al credito è essenziale per promuovere una partecipazione economica equa delle donne. Le istituzioni finanziarie devono rivedere le loro politiche per eliminare le discriminazioni di genere e sviluppare prodotti e servizi su misura per le esigenze delle donne. Inoltre, i governi devono promuovere politiche pubbliche che incentivino l'accesso al credito per le donne, come programmi di garanzia sui prestiti o agevolazioni fiscali per le banche che investono nell'imprenditoria femminile.

Se ogni donna avesse lo stesso accesso al credito e ai servizi finanziari degli uomini, quante nuove idee imprenditoriali potrebbero emergere? E quanto più inclusivo e dinamico sarebbe il nostro sistema economico se valorizzasse appieno il potenziale delle donne imprenditrici?

"L'accesso al credito è la porta verso la libertà economica: aprirla per le donne significa aprirla per l'intera società."

L'imprenditoria femminile rappresenta uno dei più potenti strumenti di trasformazione economica e sociale. Le donne che avviano e gestiscono imprese non solo migliorano la propria condizione economica, ma creano posti di lavoro, stimolano l'innovazione e contribuiscono allo sviluppo delle loro comunità. Tuttavia, nonostante questi evidenti benefici, le donne imprenditrici continuano a incontrare ostacoli significativi che limitano la loro capacità di crescere e prosperare.

Uno degli ostacoli principali è l'accesso limitato al capitale. Molte donne imprenditrici non dispongono delle risorse finanziarie necessarie per avviare o espandere la propria attività. Anche quando hanno accesso al credito, spesso si trovano ad affrontare condizioni più svantaggiose rispetto agli uomini, con tassi di interesse più elevati o richieste di garanzie patrimoniali che non possono soddisfare. Questo problema è particolarmente acuto per le donne che operano in settori non tradizionalmente considerati "femminili", dove la competizione per il capitale è più intensa e i pregiudizi di genere sono più radicati.

Inoltre, le donne imprenditrici spesso devono affrontare una mancanza di reti di supporto. Mentre gli uomini possono accedere più facilmente a reti professionali e di mentoring che li aiutano a sviluppare le loro attività, le donne trovano meno opportunità di accedere a queste risorse. Le reti di mentoring femminili, dove esistono, sono fondamentali per offrire alle donne imprenditrici il supporto emotivo e pratico di cui hanno bisogno per navigare nelle complessità del mondo imprenditoriale. Queste reti offrono spazi di confronto, ispirazione e condivisione delle esperienze, e possono giocare un ruolo cruciale nel rafforzare la fiducia delle donne nelle proprie capacità imprenditoriali.

Tuttavia, l'imprenditoria femminile non riguarda solo il successo individuale. Quando le donne avviano e gestiscono imprese, tendono a investire in modo diverso rispetto agli uomini, dedicando una parte significativa delle loro risorse allo sviluppo delle loro comunità. Le donne imprenditrici, infatti, hanno una maggiore propensione a reinvestire i loro guadagni in settori come l'educazione, la salute e il benessere familiare, creando un impatto positivo che va oltre il semplice profitto. Questo rende l'imprenditoria femminile un motore fondamentale di sviluppo sostenibile.

Per sostenere l'imprenditoria femminile è necessario un impegno a livello sistemico. I governi devono promuovere politiche che incentivino l'imprenditoria femminile, fornendo agevolazioni fiscali, finanziamenti mirati e programmi di formazione specifici. Allo stesso tempo, le aziende e le istituzioni finanziarie devono sviluppare strumenti finanziari su misura per le donne imprenditrici, riconoscendo il valore unico che esse portano al sistema economico. Infine, è fondamentale promuovere una cultura del networking femminile, creando spazi e opportunità per le donne di condividere le proprie esperienze e competenze. Quanto più forte sarebbe l'economia globale se tutte le donne imprenditrici avessero accesso alle stesse risorse e opportunità degli uomini? E quanto potrebbe cambiare il volto delle nostre comunità se le donne imprenditrici fossero messe nelle condizioni di investire in modo ancora più significativo nel benessere sociale, educativo e sanitario delle proprie comunità? L'imprenditoria femminile, infatti, non è solo una questione di crescita economica, ma di sviluppo sostenibile e inclusivo, in cui il successo di un'impresa si riflette direttamente sulla qualità della vita di interi gruppi sociali.

"Quando una donna imprenditrice prospera, la sua comunità cresce con lei: l'imprenditoria femminile è il vero motore di uno sviluppo sostenibile e inclusivo."

L'educazione è uno degli strumenti più potenti per l'empowerment economico delle donne. Essa non solo fornisce le competenze tecniche e conoscitive necessarie per accedere al mercato del lavoro, ma crea anche le basi per l'indipendenza economica e l'autodeterminazione. Tuttavia, in molte parti del mondo, le donne continuano a essere svantaggiate nell'accesso all'istruzione e alla formazione professionale, e questo limita significativamente le loro opportunità di crescita economica e sociale.

Le disuguaglianze nell'accesso all'istruzione iniziano fin dall'infanzia. In molti Paesi, le famiglie danno priorità all'educazione dei figli maschi, considerando l'istruzione delle ragazze meno importante o addirittura superflua. Questo fenomeno è particolarmente acuto nei contesti rurali e nelle comunità più povere, dove le ragazze sono spesso costrette a lasciare la scuola prematuramente per dedicarsi al lavoro domestico o per sposarsi in giovane età. La mancanza di istruzione formale riduce drasticamente le opportunità di queste giovani donne di partecipare al mercato del lavoro in modo significativo, condannandole spesso a un ciclo di povertà intergenerazionale.

Inoltre, anche nelle società più avanzate, le donne sono spesso scoraggiate dall'intraprendere percorsi di studio e carriera in settori ad alta remunerazione, come la scienza, la tecnologia, l'ingegneria e la matematica (STEM). Gli stereotipi di genere che vedono questi campi come "maschili" continuano a limitare le ambizioni delle ragazze e a influenzare le scelte educative. Questo non solo perpetua la segregazione occupazionale, ma priva anche l'economia di un potenziale enorme di talento e innovazione.

L'educazione continua e la formazione professionale sono altrettanto importanti per l'empowerment economico femminile. Le donne adulte che non hanno avuto l'opportunità di completare la loro istruzione o di sviluppare competenze specifiche devono avere accesso a programmi di formazione che permettano loro di aggiornarsi e di migliorare la loro posizione nel mercato del lavoro. I corsi di formazione professionale, insieme a programmi di mentoring e sostegno imprenditoriale, possono offrire alle donne gli strumenti necessari per avviare nuove carriere, cambiare settore o avviare imprese di successo.

Per garantire che l'educazione diventi realmente un motore di cambiamento per l'empowerment economico femminile, è necessario che i governi, le organizzazioni internazionali e le imprese investano in programmi educativi inclusivi. Questi programmi devono promuovere l'uguaglianza di genere nelle scuole, combattere gli stereotipi e fornire alle ragazze e alle donne l'accesso a opportunità di apprendimento che possano tradursi in reali benefici economici. Inoltre, l'educazione deve includere anche competenze finanziarie, affinché le donne possano gestire in modo efficace le proprie risorse economiche e costruire la propria autonomia.

Se ogni ragazza e donna avesse accesso a un'istruzione di qualità e fosse incoraggiata a perseguire le sue ambizioni senza limitazioni di genere, quanto più inclusivo e prospero diventerebbe il mondo del lavoro? E quanto cambierebbe il volto delle economie globali se il pieno potenziale delle donne fosse finalmente valorizzato?

Uno degli ostacoli più persistenti e meno riconosciuti all'empowerment economico femminile è rappresentato dal lavoro di cura non retribuito. Questo include la cura dei bambini, degli anziani, della casa e di altri membri della famiglia. Sebbene sia una componente essenziale del benessere familiare e sociale, questo tipo di lavoro viene raramente riconosciuto o valorizzato in termini economici. Il peso del lavoro di cura grava in modo sproporzionato sulle spalle delle donne, che spesso sacrificano le loro opportunità di carriera e di crescita personale per adempiere a questi compiti.

La mancanza di riconoscimento del lavoro di cura non retribuito crea un circolo vizioso di disuguaglianza economica. Le donne che dedicano gran parte del loro tempo al lavoro di cura hanno meno tempo e risorse per partecipare al mercato del lavoro formale, il che le rende più vulnerabili alla povertà e alla dipendenza economica. Questo fenomeno è particolarmente evidente nelle famiglie a basso reddito e nelle comunità rurali, dove le opportunità di accesso a servizi di assistenza sono limitate e le donne devono farsi carico di gran parte delle responsabilità domestiche.

Il lavoro di cura non retribuito è anche strettamente legato alla discriminazione di genere sul lavoro. Molte donne, infatti, sono costrette a scegliere tra la carriera e la famiglia, a causa della mancanza di politiche aziendali e sociali che favoriscano un'equa distribuzione delle responsabilità familiari. Anche quando le donne riescono a entrare nel mercato del lavoro, spesso sono penalizzate dalla mancanza di flessibilità lavorativa o dalla difficoltà di conciliare lavoro e famiglia, il che riduce le loro possibilità di avanzamento professionale e di ottenere una retribuzione equa.

Per affrontare questo problema, è essenziale che i governi e le imprese riconoscano il valore del lavoro di cura non retribuito e promuovano politiche di sostegno alle famiglie. Questo include l'accesso a servizi di assistenza per bambini e anziani, il congedo parentale equamente distribuito tra i sessi, e la promozione di una maggiore condivisione delle responsabilità domestiche tra uomini e donne. Inoltre, le aziende devono adottare modelli di lavoro flessibili, che permettano alle donne di bilanciare meglio le esigenze lavorative e familiari senza dover sacrificare la loro carriera.

Il riconoscimento e la ridistribuzione del lavoro di cura non retribuito sono essenziali per garantire che le donne possano partecipare pienamente alla vita economica e sociale. Solo quando questo tipo di lavoro sarà valorizzato e supportato, sarà possibile realizzare un reale empowerment economico femminile.
Se il lavoro di cura fosse equamente distribuito tra uomini e donne, quanto più libere sarebbero le donne di perseguire le loro ambizioni professionali? E come cambierebbe la dinamica familiare e sociale se il contributo delle donne al benessere della società fosse riconosciuto e supportato in modo adeguato?

"Il lavoro di cura non retribuito è la spina dorsale invisibile delle nostre società: riconoscerlo e condividerlo significa liberare le donne e rafforzare l'intera comunità."

Le politiche pubbliche giocano un ruolo cruciale nel promuovere l'empowerment economico femminile e nell'affrontare le disuguaglianze strutturali che limitano la partecipazione delle donne all'economia. Senza un quadro normativo forte e inclusivo, le iniziative private e individuali per promuovere l'uguaglianza di genere rischiano di essere insufficienti. I governi devono agire come catalizzatori di cambiamento, introducendo misure che garantiscano pari opportunità per le donne e promuovano il loro accesso alle risorse economiche.

Un primo passo è l'introduzione di leggi sull'equità salariale, che obblighino le aziende a garantire lo stesso salario per uomini e donne a parità di mansioni. Sebbene molte nazioni abbiano già adottato normative in tal senso, la loro applicazione rimane spesso insufficiente. Per assicurarsi che queste leggi siano rispettate, i governi devono promuovere la trasparenza salariale e monitorare attivamente le differenze retributive all'interno delle aziende.

Le politiche di conciliazione tra lavoro e famiglia rappresentano un altro pilastro fondamentale per l'empowerment economico femminile. I governi devono introdurre e incentivare misure come il congedo parentale equamente distribuito, che permetta a entrambi i genitori di prendersi cura dei figli senza penalizzazioni economiche o professionali. Quando i congedi di paternità sono brevi o mal retribuiti, la responsabilità della cura familiare ricade quasi esclusivamente sulle madri, penalizzando le loro carriere. Un sistema di congedi ben equilibrato tra i sessi non solo favorisce l'uguaglianza nel lavoro, ma promuove una maggiore equità all'interno delle famiglie, incoraggiando una più equa distribuzione del lavoro di cura.

Le politiche pubbliche devono inoltre includere agevolazioni fiscali per le aziende che promuovono attivamente la parità di genere, la diversità e l'inclusione. Queste agevolazioni possono incentivare le imprese a creare ambienti di lavoro più equi e inclusivi, sviluppando politiche di mentoring e supporto alla carriera per le donne, in particolare nei settori dove esse sono storicamente sottorappresentate, come la scienza e la tecnologia.

Un altro aspetto cruciale è l'accesso ai servizi di cura per l'infanzia. I governi devono investire in servizi di alta qualità e accessibili a tutti, come asili nido pubblici e servizi di assistenza domiciliare, in modo che le donne non debbano scegliere tra la carriera e la famiglia. Quando i costi dei servizi di assistenza sono troppo elevati o l'accesso è limitato, le donne sono spesso costrette a ridurre le ore di lavoro o a lasciare del tutto il mercato del lavoro. Questo non solo limita il loro potenziale economico, ma contribuisce a perpetuare le disuguaglianze di genere.

Infine, è necessario promuovere politiche di supporto all'imprenditoria femminile, come la creazione di fondi pubblici specifici per finanziare progetti imprenditoriali guidati da donne, l'introduzione di programmi di formazione imprenditoriale e la facilitazione dell'accesso al credito. Gli incentivi governativi per l'imprenditoria femminile non solo sostengono l'indipendenza economica delle donne, ma contribuiscono anche allo sviluppo di nuove idee e soluzioni innovative, che arricchiscono l'economia e migliorano il tessuto sociale.

In sintesi, le politiche pubbliche per l'uguaglianza di genere devono essere integrate e trasversali, affrontando ogni aspetto che limita la partecipazione economica delle donne. Senza un intervento strutturato da parte dei governi, l'empowerment economico femminile rischia di rimanere solo un obiettivo distante.

Le politiche pubbliche possono fare la differenza tra una società in cui le donne sono escluse dalle opportunità economiche e una in cui partecipano attivamente e in condizioni di parità. Cosa accadrebbe se tutti i governi del mondo adottassero misure concrete e strutturate per promuovere l'empowerment economico delle donne?

"Le politiche pubbliche sono il trampolino verso l'uguaglianza: senza di esse, l'empowerment economico femminile rischia di rimanere solo un ideale irraggiungibile."

Nel contesto del rapido progresso tecnologico globale, l'innovazione e la tecnologia stanno emergendo come potenti strumenti di empowerment economico femminile. La tecnologia ha il potenziale di abbattere molte delle barriere tradizionali che hanno limitato l'accesso delle donne al mercato del lavoro e alla partecipazione economica. Tuttavia, affinché questo potenziale si realizzi pienamente, è necessario garantire che le donne non vengano escluse dalle opportunità offerte dalla quarta rivoluzione industriale.

Uno degli strumenti più promettenti per l'empowerment economico delle donne è il lavoro remoto, che ha visto un'enorme diffusione durante la pandemia di COVID-19. Il lavoro da remoto offre maggiore flessibilità e permette alle donne di conciliare più facilmente le responsabilità lavorative e familiari, eliminando i lunghi spostamenti e offrendo opportunità di carriera anche a coloro che vivono in aree rurali o meno accessibili. Le piattaforme digitali che permettono il telelavoro o la collaborazione da remoto hanno il potenziale di creare un mercato del lavoro più inclusivo, in cui le barriere geografiche e di tempo vengono abbattute, favorendo la partecipazione delle donne.

La tecnologia ha inoltre rivoluzionato il modo in cui le donne possono accedere alle risorse finanziarie. Le piattaforme di fintech (tecnologia finanziaria) stanno facilitando l'accesso al credito e ai servizi bancari per le donne, specialmente nei Paesi in via di sviluppo. Attraverso sistemi di pagamento digitali e app bancarie, le donne che prima erano escluse dai servizi finanziari tradizionali ora possono gestire i loro risparmi, accedere a prestiti o investire in nuove attività imprenditoriali. Questi strumenti digitali non solo ampliano l'accesso alle risorse economiche, ma offrono anche nuove opportunità di crescita professionale per le donne nel settore tecnologico.

Tuttavia, per sfruttare appieno il potenziale della tecnologia, è necessario affrontare il divario digitale di genere. In molte parti del mondo, le donne hanno ancora un accesso limitato a Internet e alle tecnologie digitali, a causa di fattori economici, culturali o educativi. Senza un accesso equo alla tecnologia, le donne rischiano di essere escluse dalle opportunità offerte dalla rivoluzione digitale. Per colmare questo divario, i governi e le organizzazioni internazionali devono promuovere politiche che garantiscano l'accesso universale alle tecnologie, investendo in infrastrutture e programmi di formazione digitale per le donne.

Inoltre, è essenziale promuovere una maggiore partecipazione delle donne nei settori STEM (scienza, tecnologia, ingegneria e matematica). Questi settori sono tra i più promettenti e redditizi del futuro, ma le donne continuano a essere sottorappresentate. Attraverso politiche educative che incoraggino le ragazze a scegliere percorsi di studio STEM, programmi di mentoring e incentivi per l'assunzione di donne in ruoli tecnologici, è possibile promuovere una maggiore diversità di genere in questi campi. Le donne che lavorano in ambito tecnologico non solo avranno accesso a carriere remunerative, ma potranno anche contribuire allo sviluppo di soluzioni innovative che rispondano meglio alle esigenze della società nel suo complesso.

Quanto potrebbe migliorare l'economia globale se tutte le donne avessero accesso alle tecnologie necessarie per partecipare pienamente alla vita economica? E quanto più equa e inclusiva potrebbe diventare l'innovazione tecnologica se le donne fossero coinvolte attivamente nella sua creazione?

"L'innovazione tecnologica è una finestra sul futuro: per realizzare una società equa, è essenziale che le donne siano protagoniste di questa rivoluzione."

L'empowerment economico femminile non è solo una questione di giustizia sociale, ma è anche un potente motore di crescita economica e sviluppo sostenibile. Quando le donne hanno accesso alle risorse economiche, al credito, all'educazione e alle tecnologie, non solo migliorano la propria condizione di vita, ma creano opportunità per le loro famiglie, comunità e Paesi.

Affrontare le disuguaglianze economiche di genere richiede un approccio multidimensionale, che combini politiche pubbliche, investimenti privati e una trasformazione culturale. Dobbiamo riconoscere il valore del lavoro femminile, sia retribuito che non retribuito, e promuovere un ambiente in cui le donne possano realizzare appieno il loro potenziale economico. Solo allora potremo costruire una società realmente equa, inclusiva e prospera.

"L'uguaglianza economica è il vero fondamento della libertà: solo quando le donne saranno economicamente indipendenti, potremo parlare di una società giusta."

Capitolo 9

L'Impresa della Parità

Le Donne nei Ruoli di Leadership e Decisione

Nel contesto di una società globale in rapido cambiamento, la presenza delle donne nei ruoli di leadership è diventata un tema centrale. Nonostante i progressi significativi verso una maggiore parità di genere negli ultimi decenni, le donne continuano a essere sottorappresentate nei ruoli di vertice, tanto nel settore pubblico quanto in quello privato. Questa mancanza di rappresentanza non è solo una questione di equità: è un problema che ha conseguenze tangibili sulla qualità della governance e sull'efficacia delle decisioni prese a livello istituzionale e aziendale.

La leadership femminile non riguarda solo la presenza numerica delle donne in ruoli di comando, ma implica una trasformazione più profonda del modo in cui vengono prese le decisioni. Le donne leader tendono a portare prospettive diverse e innovative, che riflettono esperienze e sfide uniche vissute nel corso della loro vita professionale e personale. Queste prospettive, che possono sembrare divergenti rispetto ai modelli tradizionali di leadership maschile, sono essenziali per creare un ambiente decisionale più inclusivo e dinamico.

Tuttavia, le donne che cercano di accedere a posizioni di leadership si trovano spesso a dover affrontare barriere invisibili, che vanno dai pregiudizi di genere agli ostacoli istituzionali. In molti contesti, le donne devono dimostrare di essere non solo all'altezza dei loro colleghi uomini, ma anche di eccellere in misura sproporzionata per ottenere il medesimo riconoscimento. Questo fenomeno è aggravato dai pregiudizi impliciti che vedono la leadership come una qualità essenzialmente maschile, associata a tratti come l'aggressività, la sicurezza di sé e l'autorità. Le donne, invece, sono spesso giudicate in base a criteri diversi, e quando adottano uno stile di leadership assertivo, vengono percepite come troppo dure o poco cooperative, creando un doppio standard difficile da superare.

Per promuovere un autentico cambiamento, è necessario affrontare questi pregiudizi a livello culturale e istituzionale. Le aziende e le organizzazioni devono rivedere le loro politiche di promozione e avanzamento, assicurandosi che le donne abbiano le stesse opportunità di accedere a ruoli decisionali e che non siano penalizzate per le loro caratteristiche o stili di leadership diversi. Inoltre, è fondamentale sviluppare programmi di mentoring e sponsorship, che permettano alle giovani donne di essere guidate e sostenute nel loro percorso verso la leadership, ricevendo consigli pratici su come affrontare le sfide specifiche legate al genere.
Quanto sarebbe più inclusiva e innovativa la nostra società se la leadership fosse realmente aperta a tutte le persone, indipendentemente dal genere? E se permettessimo alle donne di esprimere il loro stile di leadership, senza cercare di conformarle a un modello tradizionalmente maschile, quali nuove opportunità si potrebbero aprire?

"La leadership non ha genere: il vero progresso è riconoscere il valore della diversità nel potere decisionale."

Una delle metafore più utilizzate per descrivere le difficoltà incontrate dalle donne nel raggiungere posizioni di leadership è quella del soffitto di vetro. Questo termine si riferisce a una barriera invisibile, ma molto reale, che impedisce alle donne di accedere ai livelli più alti delle organizzazioni, nonostante le loro competenze e il loro impegno. Il soffitto di vetro non è una barriera fisica, ma un insieme di dinamiche sociali, culturali e istituzionali che limitano le opportunità di avanzamento per le donne.

Il soffitto di vetro è sostenuto da stereotipi di genere che continuano a influenzare la percezione della leadership e del potere. La cultura organizzativa tradizionale è stata costruita attorno a modelli di leadership maschili, che enfatizzano l'aggressività, la competitività e il controllo come qualità essenziali per il successo. Le donne, al contrario, sono spesso associate a tratti come l'empatia, la comunicazione e la cooperazione, che, sebbene siano qualità preziose in un contesto decisionale, vengono talvolta considerate segni di debolezza nei ruoli dirigenziali.

Questo pregiudizio è particolarmente evidente nel modo in cui le donne vengono valutate nelle valutazioni delle performance e nei processi di promozione. Le ricerche mostrano che le donne devono dimostrare di essere non solo competenti, ma eccezionali, per ottenere lo stesso riconoscimento degli uomini. Inoltre, vengono spesso giudicate con maggiore severità per errori o fallimenti, mentre agli uomini viene concessa una maggiore tolleranza per i loro insuccessi. Questa dinamica non solo scoraggia le donne dall'aspirare a ruoli di leadership, ma crea anche un ambiente di lavoro ostile, in cui le donne devono costantemente lottare per dimostrare il proprio valore.

Un altro aspetto del soffitto di vetro è rappresentato dalla mancanza di reti professionali a cui le donne possano accedere. Gli uomini, soprattutto nei ruoli dirigenziali, beneficiano spesso di reti informali di supporto, che offrono loro opportunità di carriera e accesso a informazioni strategiche. Le donne, al contrario, hanno meno probabilità di essere incluse in queste reti, e quando cercano di costruire relazioni professionali, spesso incontrano ostacoli o vengono percepite come meno "adatte" a questi contesti. Questa esclusione dalle dinamiche informali di potere riduce ulteriormente le loro possibilità di avanzamento.

Per abbattere il soffitto di vetro, è necessario promuovere una cultura organizzativa inclusiva, in cui la diversità di stili di leadership sia riconosciuta e valorizzata. Le aziende devono implementare politiche che favoriscano l'uguaglianza di genere nei processi di valutazione e promozione, assicurandosi che le donne non siano penalizzate per tratti che, nella leadership tradizionale, vengono considerati "non conformi". Inoltre, è essenziale promuovere reti di supporto e mentoring specificamente orientate alle donne, che possano offrire loro l'opportunità di accedere a quelle risorse strategiche e relazioni professionali che spesso mancano.

Se riuscissimo a rompere il soffitto di vetro, quanto più dinamiche e inclusive sarebbero le nostre organizzazioni? E quale cambiamento si potrebbe generare se le donne potessero portare pienamente le loro competenze e prospettive nei processi decisionali?

"Il soffitto di vetro non limita solo le donne: limita il potenziale di tutta la società."

La presenza delle donne nei ruoli di leadership non è solo una questione di giustizia sociale, ma è anche strettamente legata all'innovazione e alla capacità di affrontare le sfide globali del futuro. Le aziende e le organizzazioni che promuovono la diversità di genere nei ruoli decisionali tendono a essere più innovative, più aperte al cambiamento e più capaci di gestire situazioni complesse. Questo perché la diversità di prospettive porta a una maggior varietà di idee, approcci e soluzioni, che arricchiscono il processo decisionale e favoriscono lo sviluppo di nuove strategie.

Le donne leader, grazie alle loro esperienze uniche e alle sfide affrontate nel corso della loro carriera, portano una prospettiva diversa sui problemi organizzativi e sociali. La loro capacità di comunicare, negoziare e costruire consenso, qualità spesso sottovalutate nei modelli tradizionali di leadership, è essenziale in un contesto in cui la collaborazione e la flessibilità sono sempre più richieste. Queste competenze sono particolarmente preziose in settori come la tecnologia, la finanza e la gestione delle risorse umane, dove l'innovazione e l'adattabilità sono fattori chiave per il successo.

Inoltre, le donne leader tendono a favorire un approccio più inclusivo e sostenibile allo sviluppo aziendale. Numerosi studi dimostrano che le organizzazioni con una leadership femminile forte hanno una maggiore sensibilità verso temi come la responsabilità sociale, la sostenibilità ambientale e il benessere dei dipendenti. Questi aspetti sono sempre più importanti per le aziende che desiderano prosperare in un mercato globale competitivo e rispondere alle esigenze di una clientela e di una forza lavoro sempre più attenta ai valori etici e sostenibili.

Le donne leader, nel loro approccio alla gestione aziendale, tendono a integrare una visione a lungo termine che va oltre i meri obiettivi finanziari. La loro attenzione al benessere dei dipendenti e all'equilibrio tra vita lavorativa e privata risponde non solo alle necessità immediate delle risorse umane, ma crea anche un ambiente di lavoro più resiliente e produttivo. Questa sensibilità porta spesso a politiche aziendali che favoriscono un clima più inclusivo, migliorano la fedeltà dei dipendenti e aumentano la produttività complessiva dell'azienda. È ormai dimostrato che organizzazioni con un'alta presenza di donne nei ruoli di leadership non solo attraggono talenti di più alta qualità, ma trattengono anche i dipendenti più a lungo, riducendo il turnover e i costi associati alla sostituzione del personale.

Questa tendenza a considerare il capitale umano come una risorsa strategica non solo migliora la qualità della vita dei dipendenti, ma si traduce anche in benefici economici diretti per le aziende. Infatti, le aziende guidate da donne hanno una maggiore capacità di innovazione interna grazie alla promozione di un clima che incoraggia la partecipazione e il contributo creativo di tutti i dipendenti. Le donne leader, più spesso degli uomini, adottano un approccio collaborativo alla gestione dei team, promuovendo una cultura del dialogo e della condivisione delle idee che facilita il problem solving e accelera i processi decisionali.

Questa modalità di leadership si sposa perfettamente con le esigenze delle moderne organizzazioni, che operano in un contesto globale caratterizzato da complessità e incertezza. In un mondo sempre più interconnesso e imprevedibile, le capacità di ascolto attivo, mediazione e cooperazione – qualità spesso associate alle donne – diventano essenziali per guidare con successo un'organizzazione verso il futuro. Questo non significa che la leadership femminile debba essere stereotipata come "più morbida" o "meno assertiva". Al contrario, la capacità di adattamento e la flessibilità strategica dimostrate dalle donne leader mostrano che esse possono bilanciare l'assertività con la sensibilità, la determinazione con la cura del benessere collettivo.

Un altro aspetto fondamentale della leadership femminile è la sua capacità di promuovere un approccio integrato alla sostenibilità. Le donne nei ruoli dirigenziali sono spesso più propense a considerare l'impatto a lungo termine delle decisioni aziendali, sia in termini di sostenibilità ambientale che di responsabilità sociale d'impresa (CSR). Questo focus non è solo una scelta etica, ma rappresenta una strategia competitiva sempre più rilevante in un mondo in cui i consumatori e gli investitori richiedono trasparenza e comportamenti responsabili da parte delle aziende. L'inclusione di prospettive femminili nei processi decisionali aziendali può dunque migliorare la capacità di un'impresa di affrontare sfide globali come il cambiamento climatico, la gestione etica delle risorse e le crescenti aspettative di equità sociale.

Inoltre, la diversità di genere nei ruoli di leadership stimola il pensiero critico e promuove una maggiore apertura mentale. Le organizzazioni che includono donne nei vertici tendono a essere più innovative perché beneficiano di un'ampia varietà di punti di vista e di esperienze. La presenza di leader donne contribuisce a ridurre il rischio di pensiero di gruppo (groupthink), ovvero quella dinamica decisionale che porta a scelte conformiste e poco innovative perché tutti i partecipanti condividono una stessa visione del mondo. Invece, la diversità promuove un dialogo più ricco e una maggiore capacità di trovare soluzioni creative ai problemi complessi.

Un esempio pratico di questo impatto si può osservare nel settore tecnologico, dove le aziende con una leadership diversificata – in termini di genere – hanno una maggiore propensione a sviluppare prodotti e servizi che rispondano meglio alle esigenze di un mercato globale sempre più segmentato. Le donne leader sono più sensibili alla diversità dei consumatori, riuscendo a identificare bisogni latenti che spesso sfuggono ai team composti esclusivamente da uomini. Questo si traduce in prodotti e soluzioni più inclusivi, che non solo rispondono meglio alle aspettative di una clientela diversificata, ma aumentano anche la competitività dell'azienda nel lungo periodo.

In un contesto globale in cui la sostenibilità ambientale e la giustizia sociale stanno diventando fattori determinanti per il successo aziendale, la leadership femminile può guidare le organizzazioni verso strategie più lungimiranti e responsabili. Le donne tendono a considerare l'impatto sociale ed ecologico delle decisioni aziendali come parte integrante della strategia, anziché come un aspetto accessorio. Questo approccio olistico alla leadership non solo migliora la reputazione delle aziende sul mercato, ma le prepara anche ad affrontare le sfide future, dove la sostenibilità non sarà più un'opzione, ma una necessità.
Come cambierebbe il panorama aziendale se ci fosse una maggiore rappresentanza femminile nei ruoli di leadership? Quali benefici tangibili potrebbero emergere da un approccio alla gestione che integra sostenibilità, innovazione e diversità?

"La leadership femminile non riguarda solo il potere di decidere, ma la capacità di innovare e guidare con una visione che include tutti."

Nonostante i progressi compiuti nel corso degli anni, la rappresentanza femminile nelle istituzioni politiche rimane ancora lontana dal riflettere la vera composizione della società. In molti Paesi, le donne costituiscono più della metà della popolazione, ma occupano una percentuale decisamente inferiore dei seggi nei parlamenti nazionali e nelle amministrazioni locali. Questa sottorappresentanza non è solo un problema di numeri, ma pone questioni fondamentali di equità democratica. La democrazia, infatti, si basa sul principio che ogni cittadino debba avere voce nelle decisioni che riguardano il futuro del Paese. Quando le donne, che costituiscono una parte significativa della popolazione, non sono adeguatamente rappresentate, il sistema perde di legittimità e rischia di perpetuare decisioni sbilanciate.

La mancanza di rappresentanza femminile nelle istituzioni politiche ha profonde conseguenze sulle politiche pubbliche. Le donne, per via delle loro esperienze personali e professionali, portano con sé un punto di vista unico su questioni fondamentali come la salute, l'educazione, l'equità di genere, la protezione sociale e la violenza domestica. Quando sono escluse dai processi decisionali, queste tematiche tendono a essere trascurate o non affrontate in modo adeguato. Al contrario, la presenza di donne nei ruoli politici non solo contribuisce a rendere le politiche pubbliche più inclusive e sensibili alle esigenze della popolazione femminile, ma migliora anche la qualità del dibattito politico nel suo complesso.

Le quote di genere, introdotte in molti Paesi come misura temporanea per aumentare la rappresentanza femminile nei parlamenti, hanno dimostrato di essere uno strumento efficace. Le quote, spesso viste con sospetto come una violazione del principio di merito, non sono una soluzione definitiva, ma rappresentano un correttivo temporaneo per riequilibrare la disuguaglianza di partenza. Esse offrono alle donne l'opportunità di entrare nel mondo della politica e di dimostrare il proprio valore in un contesto che storicamente le ha escluse. Tuttavia, le quote da sole non bastano: è necessario che siano accompagnate da cambiamenti culturali e da politiche che promuovano la partecipazione femminile alla vita politica.

Un aspetto chiave per aumentare la rappresentanza femminile in politica è la creazione di reti di supporto. Le donne che decidono di intraprendere una carriera politica spesso si trovano isolate in un ambiente dominato dagli uomini e mancano di modelli di riferimento. Creare reti di mentoring e supporto reciproco tra le donne politiche può fare una grande differenza, offrendo loro gli strumenti e la fiducia necessari per navigare nelle complesse dinamiche del potere politico.

Inoltre, la media e i media giocano un ruolo cruciale nel plasmare la percezione della leadership femminile in politica. Troppo spesso, le donne politiche vengono giudicate non solo per le loro competenze, ma anche per il loro aspetto fisico o il loro stile personale, mentre gli uomini vengono valutati principalmente per le loro capacità. Questa doppia valutazione danneggia la percezione pubblica delle donne leader e le scoraggia dal partecipare attivamente alla vita politica. Il sessismo mediatico, che si manifesta attraverso commenti sul look, sulla voce, o sul comportamento delle donne politiche, perpetua stereotipi di genere e rafforza l'idea che le donne non siano naturalmente predisposte alla leadership. Per promuovere una vera equità democratica, è fondamentale che i media cambino il loro approccio, concentrandosi sulle competenze e sui risultati piuttosto che sugli aspetti superficiali, e offrano alle donne politiche lo stesso rispetto e la stessa attenzione che dedicano ai loro colleghi uomini.

Un altro ostacolo significativo alla partecipazione politica delle donne è la violenza di genere, che assume forme fisiche, psicologiche e simboliche. Le donne politiche, soprattutto in contesti dove i diritti delle donne non sono pienamente rispettati, sono spesso vittime di attacchi mirati volti a intimidire, ridurre al silenzio o screditare la loro immagine pubblica. Questa violenza può manifestarsi attraverso molestie sessuali, minacce online e offline, campagne di diffamazione o isolamento politico. Le donne, in queste situazioni, si trovano spesso a dover lottare non solo per far valere le proprie idee, ma anche per preservare la propria sicurezza personale e quella delle loro famiglie. Questa realtà scoraggia molte donne dal partecipare attivamente alla vita politica, privando così la democrazia di una rappresentanza equilibrata e inclusiva.

Per affrontare questi ostacoli, è essenziale che le istituzioni politiche adottino politiche di protezione per le donne coinvolte in politica, garantendo che possano operare in un ambiente sicuro e privo di discriminazioni o minacce. La formazione sui pregiudizi di genere e le campagne di sensibilizzazione devono diventare una componente integrale del sistema politico, per assicurarsi che i partiti, i candidati e il pubblico riconoscano l'importanza della parità di genere e si impegnino attivamente per promuoverla. Solo creando un contesto in cui le donne possano partecipare senza timore di ritorsioni o abusi, sarà possibile migliorare la qualità e l'equità del processo decisionale politico.

Le donne che riescono a entrare nei ruoli di potere politico portano con sé una diversa sensibilità su temi di grande rilevanza sociale. Ad esempio, è stato dimostrato che una maggiore presenza di donne nelle assemblee legislative aumenta la probabilità che vengano approvate leggi e politiche a favore della salute riproduttiva, del congedo parentale, del diritto all'istruzione e della violenza di genere. Questo perché le donne leader tendono a dare priorità a questioni che riflettono le sfide che hanno affrontato personalmente o che riguardano direttamente la vita delle donne e delle famiglie.

Infine, la presenza femminile nelle istituzioni politiche contribuisce a ridurre la corruzione e a migliorare la trasparenza e la responsabilità nella gestione pubblica. Studi internazionali dimostrano che Paesi con un'alta rappresentanza femminile nelle istituzioni politiche tendono a essere meno corrotti e a promuovere politiche più inclusive e trasparenti. Questo fenomeno potrebbe derivare dal fatto che le donne, essendo storicamente escluse dai centri di potere tradizionali, sono meno influenzate dalle dinamiche di clientelismo e nepotismo che spesso caratterizzano i sistemi politici dominati dagli uomini. Inoltre, l'inclusione delle donne in politica rompe le dinamiche di potere consolidate, favorendo un approccio più democratico e orientato al bene comune.

Se le donne avessero lo stesso accesso al potere politico degli uomini, come cambierebbe il panorama delle politiche pubbliche e la qualità della governance? E quanto più giusta e inclusiva diventerebbe la nostra democrazia se ogni cittadino, indipendentemente dal genere, potesse essere rappresentato equamente?

"La democrazia senza donne è una democrazia a metà: solo con una rappresentanza equilibrata si può parlare di equità e giustizia sociale."

Le organizzazioni internazionali, come le Nazioni Unite, l'Organizzazione Mondiale della Sanità (OMS), il Fondo Monetario Internazionale (FMI) e la Banca Mondiale, svolgono un ruolo cruciale nel promuovere l'equità di genere a livello globale. Tuttavia, anche in queste istituzioni, storicamente dominate da uomini, la presenza femminile nei ruoli di leadership è stata per lungo tempo limitata. Negli ultimi anni, molte di queste organizzazioni hanno riconosciuto l'importanza di aumentare la rappresentanza femminile ai vertici, non solo per promuovere l'uguaglianza di genere, ma anche per migliorare l'efficacia delle loro operazioni e delle politiche globali.

La presenza delle donne in posizioni di leadership nelle organizzazioni internazionali è particolarmente importante per influenzare l'agenda globale su temi che riguardano le donne e le comunità vulnerabili. Le donne leader nelle organizzazioni internazionali tendono a portare una maggiore attenzione a questioni come la salute materna, l'educazione delle ragazze, la violenza di genere e l'empowerment economico femminile. La loro esperienza e sensibilità a queste tematiche garantiscono che le politiche sviluppate a livello globale riflettano le reali esigenze delle donne e delle famiglie in tutto il mondo.

Inoltre, le donne che ricoprono ruoli di leadership in queste organizzazioni fungono da modelli di riferimento per altre donne e ragazze, dimostrando che è possibile raggiungere i vertici del potere globale nonostante le barriere strutturali e culturali. Questo effetto di ispirazione è particolarmente potente nei Paesi in via di sviluppo, dove le norme di genere tradizionali spesso limitano l'accesso delle donne all'istruzione e alle opportunità professionali. Quando una donna riesce a diventare leader in una grande organizzazione internazionale, contribuisce a cambiare la narrativa globale su cosa significhi essere una leader, aprendo la strada a una maggiore partecipazione femminile in contesti dove essa è storicamente assente.

Le politiche di equità di genere all'interno delle organizzazioni internazionali possono anche avere un impatto positivo sulle politiche nazionali. Le organizzazioni come le Nazioni Unite e il FMI hanno l'autorità morale e il potere economico di influenzare le politiche dei Paesi membri, incoraggiando la parità di genere attraverso finanziamenti e accordi multilaterali. Ad esempio, molti programmi di sviluppo finanziati da organizzazioni internazionali includono clausole di condizionalità che richiedono ai Paesi beneficiari di adottare misure concrete per migliorare la rappresentanza femminile nei governi e nei consigli di amministrazione delle aziende. Questo tipo di condizionalità ha dimostrato di essere uno strumento efficace per promuovere il cambiamento a livello nazionale e regionale.

Tuttavia, per raggiungere una reale equità di genere nelle organizzazioni internazionali, è essenziale affrontare le dinamiche interne di queste istituzioni. Anche quando vengono introdotte quote di genere o politiche di inclusione, le donne spesso si trovano a dover navigare in un ambiente di lavoro caratterizzato da pregiudizi impliciti e da dinamiche di potere consolidate. È necessario che le organizzazioni internazionali adottino misure attive per promuovere una cultura inclusiva, garantendo che le donne abbiano accesso alle stesse opportunità di avanzamento professionale degli uomini e che possano contribuire pienamente alla definizione delle politiche globali.

Le Nazioni Unite, in particolare, hanno lanciato numerose iniziative per promuovere l'equità di genere, come la campagna HeForShe, che invita gli uomini a diventare sostenitori attivi dell'uguaglianza di genere. Queste iniziative non solo aumentano la consapevolezza globale sui temi legati alla parità di genere, ma aiutano anche a creare una cultura del cambiamento all'interno delle stesse istituzioni internazionali, dove la lotta per l'uguaglianza deve essere vissuta non solo come un valore, ma come una pratica quotidiana.

Se le organizzazioni internazionali riuscissero a promuovere un'autentica parità di genere al loro interno, quale impatto positivo potrebbero avere sulle politiche globali? Quanto più equo e giusto diventerebbe il mondo se le donne avessero un ruolo di leadership nella definizione dell'agenda globale?

"La parità di genere nelle organizzazioni internazionali non è solo una questione di giustizia, ma una necessità per costruire un mondo più inclusivo e sostenibile."

La leadership femminile rappresenta una delle leve più potenti per promuovere un cambiamento sistemico a livello globale. Non si tratta semplicemente di inserire più donne nei ruoli decisionali, ma di riconoscere che la diversità di genere porta con sé nuove prospettive, approcci più inclusivi e una capacità unica di affrontare le sfide globali in modo sostenibile e lungimirante. Le donne leader sono portatrici di innovazione e di cambiamento, poiché riescono a bilanciare gli obiettivi economici con una visione più ampia, che tiene conto del benessere collettivo, della giustizia sociale e della sostenibilità ambientale.

Le donne, quando occupano posizioni di leadership, tendono a promuovere politiche che non solo mirano a ottenere risultati immediati, ma che si concentrano su un impatto a lungo termine. Questo è particolarmente rilevante nel contesto delle organizzazioni internazionali, delle istituzioni politiche e delle aziende globali, dove le sfide come il cambiamento climatico, le disuguaglianze sociali e la salute globale richiedono un approccio che vada oltre il profitto e si orienti verso la sostenibilità.

Le aziende e le istituzioni che investono nella promozione della leadership femminile hanno già iniziato a raccogliere i frutti di questa scelta. Le ricerche dimostrano che le organizzazioni con una maggiore rappresentanza femminile nei ruoli di leadership ottengono migliori performance finanziarie, sviluppano soluzioni più innovative e godono di una reputazione più solida tra i consumatori e gli investitori. Questo perché la leadership inclusiva crea un ambiente dove la diversità di pensiero viene valorizzata e le idee possono fluire liberamente, generando soluzioni più creative ed efficaci.

Un altro aspetto fondamentale della leadership femminile è la sua capacità di promuovere un clima di lavoro più equo e inclusivo, dove il talento di ogni individuo viene riconosciuto e valorizzato. Le donne leader sono spesso più inclini a costruire team collaborativi, a incoraggiare il dialogo e a promuovere la crescita professionale di tutti i membri del gruppo, indipendentemente dal loro genere o dal loro background. Questo approccio non solo migliora il morale dei dipendenti, ma aumenta anche la produttività e la fedeltà all'azienda.

Tuttavia, per realizzare pienamente il potenziale della leadership femminile, è necessario che le barriere strutturali e culturali vengano abbattute. Le politiche di uguaglianza di genere, come le quote di genere, le reti di mentoring e le iniziative di sensibilizzazione, sono strumenti essenziali per creare un ambiente in cui le donne possano accedere ai ruoli decisionali senza dover affrontare discriminazioni o pregiudizi impliciti. Ma il vero cambiamento avverrà solo quando anche le dinamiche culturali si evolveranno, riconoscendo che la leadership non è una qualità esclusiva degli uomini, ma un insieme di competenze che può essere sviluppato e valorizzato indipendentemente dal genere.

Le donne leader, dunque, non devono solo essere viste come agenti del cambiamento per il futuro, ma come un faro che guida verso una società più giusta, inclusiva e sostenibile. In ogni settore – che si tratti di politica, economia, tecnologia o organizzazioni internazionali – la presenza delle donne ai vertici offre una visione di equità che promuove il benessere di tutti.

Quali cambiamenti potrebbero avvenire se tutte le donne avessero le stesse opportunità di leadership degli uomini? In che modo il mondo diventerebbe più inclusivo e sostenibile se le donne fossero pienamente rappresentate nei ruoli decisionali?

"Le donne leader non stanno solo cambiando il mondo, lo stanno rendendo più giusto, inclusivo e sostenibile."

La leadership femminile non rappresenta solo una speranza per il futuro, ma una necessità improrogabile per affrontare le sfide del presente. Che si tratti di guidare aziende, istituzioni politiche o organizzazioni internazionali, le donne dimostrano quotidianamente di possedere la visione, la determinazione e l'empatia necessarie per creare un mondo più equo. Il percorso verso la piena parità di genere nei ruoli decisionali è ancora lungo, ma ogni passo avanti è una vittoria non solo per le donne, ma per l'intera società.

Investire nella leadership femminile significa investire in un futuro dove le decisioni non siano prese da una prospettiva limitata, ma riflettano la diversità, l'inclusività e la giustizia. Solo attraverso un impegno collettivo e una trasformazione culturale profonda possiamo sperare di costruire un mondo in cui ogni voce conta, e dove la leadership non è definita dal genere, ma dalle capacità, dall'intelligenza e dall'umanità di chi la esercita.

"Il futuro appartiene a chi ha il coraggio di guidare con empatia, visione e giustizia: le donne leader sono già lì, pronte a indicare la strada."

Capitolo 10

Il Patriarcato Invisibile

Paure, Conflitti e Soluzioni per una Società Giusta

Il patriarcato è un sistema di potere che da secoli regola le dinamiche sociali, culturali ed economiche della nostra società, dando priorità agli uomini e relegando le donne a ruoli subordinati. Tuttavia, a differenza delle forme di oppressione più visibili, il patriarcato è spesso percepito come una forza invisibile, difficile da riconoscere, soprattutto da parte degli uomini che ne traggono benefici. Questo sistema è radicato nelle strutture sociali e nelle istituzioni, ma si manifesta anche nelle interazioni quotidiane, nelle aspettative di genere e nei pregiudizi inconsci.

Uno dei maggiori ostacoli nel combattere il patriarcato è la sua stessa invisibilità per chi ne gode i vantaggi. Per molti uomini, la semplice idea che esista un sistema strutturato a loro favore è difficile da accettare, poiché mina la convinzione che il proprio successo sia frutto esclusivamente del merito personale. Questa negazione non è solo una difesa psicologica, ma riflette un più ampio sistema di valori che associa la leadership, l'autorità e il potere principalmente all'identità maschile. Per gli uomini che sono cresciuti in una cultura patriarcale, riconoscere la propria posizione di privilegio implica ammettere che il proprio status non è il risultato di un impegno individuale in condizioni di assoluta equità, ma di un vantaggio sistemico.

Questa resistenza al cambiamento si manifesta anche attraverso la retorica secondo cui le donne esagerano la loro condizione o distorcono la realtà. Molti uomini percepiscono le richieste di uguaglianza di genere come un attacco personale al loro ruolo e alle loro conquiste. Questo atteggiamento deriva da una paura radicata di perdere i privilegi che il patriarcato garantisce loro, senza una piena consapevolezza del fatto che un sistema più equo e inclusivo potrebbe giovare a tutti. Per molti uomini, la difesa del patriarcato è quindi una questione di autoconservazione, una reazione alla paura di un mondo in cui le dinamiche di potere tradizionali vengano ridefinite.
Il patriarcato è una forza che incide profondamente sulla nostra società, ma non è facilmente percepito da chi ne trae vantaggio. Se gli uomini potessero vedere chiaramente l'iniquità strutturale che esso rappresenta, sarebbero disposti a rinunciare ai loro privilegi per creare una società più giusta?

"Il patriarcato è l'ombra che governa le nostre vite senza essere riconosciuta: solo rendendolo visibile possiamo iniziare a spezzarne le catene."

La resistenza maschile al riconoscimento del patriarcato non deriva solo da una mancata comprensione del sistema, ma anche da una paura più profonda legata alla perdita di identità. Per secoli, il ruolo dell'uomo è stato definito dal suo status di capofamiglia, leader e protettore. Il patriarcato ha offerto agli uomini un'identità di potere costruita su concetti di forza, invulnerabilità e successo. Ammettere l'esistenza del patriarcato significa, per molti uomini, mettere in discussione queste fondamenta della mascolinità tradizionale.

Un altro elemento che alimenta la resistenza è il sentimento di vittimizzazione che molti uomini avvertono di fronte alle richieste di uguaglianza femminile. Alcuni uomini percepiscono le rivendicazioni femminili come un attacco al loro diritto di essere ascoltati e di mantenere il controllo. In altre parole, sentono che il progresso dei diritti delle donne è in qualche modo una minaccia diretta ai loro diritti, come se l'uguaglianza fosse un gioco a somma zero in cui uno dei due generi deve perdere affinché l'altro possa guadagnare. Questa percezione errata genera un conflitto che sfocia spesso in un sentimento di ingiustizia percepita da parte di molti uomini, che vedono nelle politiche di parità di genere una forma di discriminazione inversa.

In realtà, il cambiamento verso una società più equa non si traduce nella perdita di potere per gli uomini, ma nella redistribuzione equa delle opportunità e dei diritti. Tuttavia, questo messaggio è difficile da accettare perché mette in crisi le narrazioni tradizionali della mascolinità. La resistenza nasce dalla convinzione che il patriarcato garantisca un ordine naturale delle cose, e che minare questo sistema significhi introdurre il caos e l'incertezza. In un contesto in cui molti uomini si sentono già alienati dalle trasformazioni economiche e sociali, il concetto di patriarcato viene erroneamente percepito come un capro espiatorio, una forza che potrebbe toglier loro ciò che rimane di un potere che, a loro avviso, si sta già erodendo.

Per contrastare questa paura del cambiamento, è fondamentale promuovere una nuova visione della mascolinità, una visione che non si basi sul potere e sul dominio, ma su qualità come la collaborazione, l'empatia e la responsabilità condivisa. Una mascolinità che abbraccia il cambiamento non come una minaccia, ma come un'opportunità per costruire relazioni più profonde e autentiche, sia con le donne che con altri uomini.
La paura del cambiamento è un potente deterrente per il pro-

gresso sociale. Se riuscissimo a ridefinire il concetto di mascolinità, sostituendo il potere con la collaborazione, quanto più serena e giusta diventerebbe la nostra società?

"La vera forza non si misura dal potere che si detiene, ma dal coraggio di cambiare per creare un mondo più giusto."

Il dibattito sui diritti di genere si è trasformato in un conflitto silenzioso, una sorta di faida in cui uomini e donne sembrano posizionarsi su fronti opposti, ciascuno difendendo le proprie rivendicazioni. Questo conflitto si nutre di incomprensioni, pregiudizi e narrazioni distorte, che fanno sembrare la lotta per l'uguaglianza come una battaglia tra i sessi piuttosto che un impegno comune verso una società più equa.

Per molti uomini, la retorica del femminismo è stata percepita come un attacco al loro status e ai loro diritti. Questo ha creato un clima di difensiva, in cui ogni richiesta di parità viene letta come una minaccia alle privilegi consolidate. Tuttavia, questa visione antagonistica non riconosce che la lotta per i diritti delle donne non toglie nulla agli uomini, ma punta piuttosto a costruire un sistema in cui entrambi i sessi possano prosperare. La faida dei diritti, come la si potrebbe definire, nasce dal presupposto errato che l'uguaglianza sia una risorsa limitata, quando in realtà i benefici dell'uguaglianza sono collettivi.

Gli uomini che si oppongono alle richieste di parità spesso lo fanno perché temono di perdere il proprio ruolo dominante nella società, ma non vedono che in un sistema più equo anche loro guadagnano. Il patriarcato non solo opprime le donne, ma impone agli uomini standard irrealistici di potere e successo, costringendoli a conformarsi a una versione tossica di mascolinità che limita la loro capacità di esprimere emozioni, vulnerabilità e umanità. In un mondo dove l'uguaglianza prevale, gli uomini non devono più vivere sotto la pressione costante di dimostrare la loro forza o dominanza, ma possono vivere relazioni più autentiche e arricchenti, basate sulla parità e sul rispetto reciproco.

Per risolvere questo conflitto è necessario un dialogo aperto tra i generi, in cui le paure e le insicurezze degli uomini possano essere ascoltate senza pregiudizi, e in cui le rivendicazioni delle donne siano riconosciute come legittime e necessarie. Questo richiede che entrambe le parti riconoscano il patriarcato per quello che è: non una battaglia tra i sessi, ma un sistema che limita la libertà e il potenziale di tutti. Solo attraverso una collaborazione attiva tra uomini e donne sarà possibile superare questa divisione e costruire un sistema sociale basato sulla giustizia e sull'equità. La soluzione non sta nell'accentuare le divisioni tra i generi, ma nel promuovere una comprensione reciproca che vada oltre le accuse e i risentimenti, e che porti a un reale cambiamento sistemico.

La faida dei diritti può essere disinnescata solo attraverso una trasformazione profonda del dialogo culturale e politico. Gli uomini devono essere coinvolti attivamente nel dibattito sulla parità di genere, non come antagonisti, ma come alleati. Per troppo tempo, la questione dell'uguaglianza è stata vista come un problema esclusivamente femminile, mentre la realtà è che il benessere collettivo dipende dalla partecipazione di tutti. Creare spazi sicuri in cui uomini e donne possano esprimere le proprie preoccupazioni e frustrazioni, senza timore di essere giudicati, è fondamentale per rompere le barriere di incomprensione.

In questo contesto, i media e le istituzioni educative svolgono un ruolo cruciale nel cambiare la narrativa dominante. Devono essere attuate campagne di sensibilizzazione che spieghino chiaramente che il patriarcato non favorisce la libertà o l'autodeterminazione di nessuno, ma che è una gabbia per entrambi i sessi. È necessario ribaltare il discorso attuale, che spesso dipinge la lotta per l'uguaglianza come una minaccia all'identità maschile, e dimostrare invece che un mondo più equo è un mondo in cui tutti, indipendentemente dal genere, possono essere più liberi, autentici e felici.

Il conflitto tra i diritti di genere non è inevitabile. Se riuscissimo a costruire un dialogo basato sulla comprensione reciproca e sull'empatia, quanto più pacifica e produttiva diventerebbe la nostra società?

"La vera giustizia non nasce dal conflitto tra i sessi, ma dalla collaborazione tra uomini e donne per costruire un mondo più giusto per tutti."

Per porre fine al conflitto tra i generi e smantellare il patriarcato, sono necessarie soluzioni concrete, che coinvolgano la società in tutti i suoi aspetti: istituzioni, cultura, educazione e politiche pubbliche. Un cambiamento reale richiede una combinazione di azioni che non si limitino a trattare i sintomi del problema, ma che affrontino alla radice le dinamiche di potere che mantengono vivo il patriarcato.

1. Educazione alla Parità di Genere: Uno dei primi passi per costruire una società equa è investire in un sistema educativo che promuova la parità di genere fin dalla giovane età. Le scuole devono insegnare ai bambini e alle bambine che non esistono ruoli di genere predeterminati e che il potenziale di ogni individuo va valorizzato indipendentemente dal sesso. Introdurre programmi che sfidano gli stereotipi di genere e che pro-

muovono il rispetto reciproco tra i sessi è fondamentale per creare una nuova generazione di cittadini consapevoli e aperti al cambiamento.

È necessario formare gli insegnanti su come riconoscere e contrastare i pregiudizi di genere nelle aule, offrendo loro strumenti per incoraggiare una partecipazione equilibrata e inclusiva. Educare i ragazzi al rispetto delle emozioni e a non vedere la vulnerabilità come una debolezza è essenziale per contrastare la mascolinità tossica, che alimenta il patriarcato e danneggia sia uomini che donne.

2. Politiche Pubbliche per l'Equità di Genere: Le politiche governative devono essere riviste per garantire che le donne abbiano pari accesso alle opportunità economiche e professionali. È cruciale implementare leggi che tutelino le donne da discriminazioni sul lavoro, garantendo pari salario a parità di ruolo, e promuovere la trasparenza salariale per ridurre il divario di genere. Le aziende devono essere incentivate a offrire congedi parentali paritari per uomini e donne, eliminando l'idea che la cura della famiglia sia esclusivamente un compito femminile.

Inoltre, le istituzioni pubbliche devono sostenere attivamente l'imprenditoria femminile attraverso programmi di finanziamento dedicati e servizi di supporto. Promuovere la presenza femminile nei ruoli decisionali e di leadership, sia nelle imprese che nelle istituzioni, deve diventare una priorità, con quote di genere temporanee che accelerino il cambiamento e garantiscano che le donne possano partecipare attivamente ai processi decisionali.

3. Coinvolgimento degli Uomini nel Dibattito sulla Parità:
    Per smantellare il patriarcato, è essenziale coinvolgere
    attivamente gli uomini nella lotta per la parità di gene-
    re. Gli uomini devono essere incoraggiati a riflettere sui
    loro privilegi e su come il patriarcato li condizioni nega-
    tivamente. Il concetto di mascolinità positiva deve essere
    promosso attraverso campagne di sensibilizzazione che
    mostrino come la parità di genere benefici anche gli
    uomini, offrendo loro l'opportunità di vivere in un
    mondo dove possono esprimere liberamente le proprie
    emozioni senza il peso delle aspettative tradizionali.
    Programmi di educazione emotiva per gli uomini, che
    insegnino l'importanza della collaborazione, dell'empa-
    tia e della condivisione delle responsabilità, possono
    contribuire a superare l'immagine stereotipata dell'uo-
    mo forte e dominante, aprendo la strada a una mascoli-
    nità più equilibrata e sana. Gli uomini devono capire
    che l'uguaglianza di genere non rappresenta una mi-
    naccia, ma un'opportunità per costruire relazioni più
    autentiche e appaganti.

4. Riforma delle Istituzioni e della Cultura Aziendale: Le
    istituzioni pubbliche e private devono rivedere le pro-
    prie strutture di potere e adottare pratiche più inclusive.
    Oltre a promuovere l'accesso paritario a ruoli di respon-
    sabilità, devono creare ambienti di lavoro dove la diver-
    sità di genere sia valorizzata e tutelata. Questo significa
    non solo eliminare le discriminazioni, ma anche ricono-
    scere e premiare i diversi stili di leadership che le donne
    portano nelle organizzazioni.
    Le aziende devono sviluppare politiche che favoriscano
    un clima di lavoro flessibile e supportivo, dove uomini e
    donne possano bilanciare lavoro e famiglia senza essere

penalizzati. La promozione di pratiche di mentoring e sponsorship, in particolare per le donne, è cruciale per garantire una maggiore rappresentanza femminile nei vertici aziendali e nelle istituzioni politiche.

5. Campagne Mediatiche e Culturali: I media devono essere parte integrante di questa trasformazione, promuovendo una narrazione che non rafforzi gli stereotipi di genere, ma che esalti modelli positivi di uomini e donne che lavorano insieme per un futuro più equo. Le campagne mediatiche devono sfidare apertamente il patriarcato, mettendo in luce i suoi effetti negativi sulla società nel suo complesso, e promuovendo una cultura del rispetto e della collaborazione tra i sessi.

Se attuassimo tutte queste soluzioni, quanto più equa e prospera sarebbe la nostra società? Siamo disposti a fare il passo verso una trasformazione profonda e sistemica che favorisca una vera parità di genere?

"La fine del patriarcato non è la fine degli uomini, ma l'inizio di una nuova era di equità, collaborazione e libertà per tutti."

La lotta per la parità di genere non deve essere vista come una battaglia tra uomini e donne, ma come un'opportunità per ridefinire la nostra società. Il patriarcato ha creato una divisione che penalizza tutti, e solo attraverso una nuova alleanza tra i generi possiamo costruire un mondo più giusto, inclusivo e prospero.

Gli uomini devono smettere di vedere l'uguaglianza come una minaccia, e iniziare a considerarla come una liberazione dalle gabbie imposte dalle aspettative di genere. Le donne, d'altro canto, devono continuare a far sentire la loro voce, ma devono anche cercare un dialogo costruttivo con gli uomini, coinvolgendoli nella costruzione di una società dove ogni individuo, indipendentemente dal genere, possa realizzare il proprio potenziale.

"Il futuro appartiene a chi ha il coraggio di spezzare le catene del patriarcato: uomini e donne insieme, per una società finalmente giusta."

Questo capitolo finale mantiene lo stile incisivo e professionale, esplorando le dinamiche complesse del patriarcato e fornendo soluzioni concrete per superare le divisioni di genere e promuovere una società più giusta e inclusiva. Affronta direttamente le paure e le resistenze che molti uomini provano nel riconoscere il patriarcato e il cambiamento necessario, offrendogli una via d'uscita positiva: la collaborazione, non la competizione, è la chiave per un futuro equo.

Una delle sfide più grandi per porre fine al patriarcato è la necessità di ridefinire la mascolinità. Il patriarcato ha imposto agli uomini un modello di potere rigido, basato sulla dominanza, l'autorità e l'invulnerabilità. Questo modello non solo ha limitato le donne, ma ha imposto agli uomini una pressione che spesso li ha allontanati dalla propria umanità, costringendoli a conformarsi a un'idea di virilità tossica.

La cultura patriarcale, infatti, ha stabilito che gli uomini debbano essere sempre forti, emotivamente impenetrabili, e pronti a difendere la propria posizione di potere. La vulnerabilità è vista come debolezza, e gli uomini che mostrano emozioni diverse dalla rabbia o dalla determinazione vengono spesso ridicolizzati. Questo ha creato un sistema in cui gli uomini, pur essendo apparentemente privilegiati, soffrono di alienazione emotiva, incapacità di esprimere i propri sentimenti e relazioni superficiali, tanto con le donne quanto con altri uomini.

Per abbattere il patriarcato, è necessario che gli uomini si liberino da questa mascolinità oppressiva e scoprano una nuova versione di sé. La mascolinità positiva non è basata sul controllo o sulla forza fisica, ma sulla capacità di collaborare, di ascoltare e di costruire legami autentici. In una società post-patriarcale, gli uomini non sono costretti a dimostrare continuamente la loro superiorità, ma sono liberi di essere se stessi, di esprimere le loro emozioni e di vivere relazioni più autentiche e profonde.

Un passo fondamentale in questa direzione è la promozione di modelli alternativi di mascolinità nei media, nelle scuole e nelle comunità. Gli uomini devono essere incoraggiati a esplorare nuove modalità di essere, che non si basino sulla competizione ma sulla collaborazione. Questo significa che anche le donne devono contribuire a smontare gli stereotipi, riconoscendo che la mascolinità positiva non è una minaccia, ma un'opportunità per costruire relazioni più equilibrate e rispettose.
Se gli uomini fossero liberi dalla pressione di dover dimostrare costantemente la loro virilità, quanto più autentiche diventerebbero le loro relazioni con se stessi e con gli altri?

"Liberare gli uomini dal patriarcato non è una concessione: è un atto di rivoluzione che porta libertà e autenticità."

Il concetto di alleanza tra i generi è la chiave per superare il patriarcato e costruire una società in cui il genere non sia più un limite, ma una dimensione naturale e fluida dell'identità. Gli uomini e le donne devono imparare a lavorare insieme non come avversari in una lotta per il potere, ma come partner che condividono la responsabilità di creare un futuro più equo e giusto.

Per troppo tempo, la lente del conflitto ha dominato il dibattito sui diritti di genere. Gli uomini sono stati visti come oppressori e le donne come vittime, una dicotomia che ha alimentato divisioni e diffidenze. Ma se vogliamo davvero porre fine a questa faida, è necessario che entrambi i sessi si riconoscano come alleati naturali nella lotta per la libertà e l'uguaglianza. Questo significa che gli uomini devono smettere di vedere il femminismo come un attacco, e le donne devono includere gli uomini nel loro discorso sulla giustizia di genere, senza escluderli o demonizzarli.

L'alleanza tra i generi si basa sulla consapevolezza che le lotte per l'uguaglianza non riguardano la sostituzione di un potere con un altro, ma la creazione di uno spazio condiviso in cui il potere non è più concentrato nelle mani di pochi. Questo richiede che entrambi i sessi accettino di condividere le responsabilità, di ascoltare le reciproche esigenze e di riconoscere che il progresso collettivo è l'unica via per un futuro equo.

Le iniziative di dialogo intergenerazionale possono giocare un ruolo fondamentale in questo processo. Organizzare spazi di discussione in cui uomini e donne possano confrontarsi apertamente sui propri sentimenti, paure e aspirazioni può favorire una maggiore comprensione reciproca. È in questi contesti che può emergere una nuova narrativa: una in cui le differenze di genere non sono più fonte di conflitto, ma un'opportunità per arricchire il tessuto sociale e culturale.

Se uomini e donne lavorassero insieme per ridefinire il concetto di potere, quanto più equilibrata e prospera diventerebbe la nostra società? E come cambierebbero le nostre relazioni personali e professionali se vedessimo nel partner di genere un alleato e non un rivale?

"L'uguaglianza di genere non è un sogno irraggiungibile: è una realtà che possiamo costruire insieme, se solo scegliamo di collaborare, non di competere."

Il futuro della nostra società dipenderà dalla nostra capacità di superare il patriarcato e di costruire un sistema in cui l'equità di genere sia il fondamento su cui poggiano tutte le istituzioni sociali, politiche ed economiche. Questo significa non solo eliminare le barriere visibili che ostacolano la parità, come le disparità salariali o le discriminazioni lavorative, ma anche smantellare le strutture culturali invisibili che continuano a sostenere la disuguaglianza.

Un futuro oltre il patriarcato è un futuro in cui ogni individuo, indipendentemente dal genere, ha la possibilità di realizzare pienamente il proprio potenziale. In una società post-patriarcale, gli uomini e le donne non sono definiti dai ruoli di genere tradizionali, ma dalle loro competenze, dalle loro passioni e dalle loro ambizioni. Questo non è solo un sogno utopico, ma un obiettivo realistico che può essere raggiunto attraverso una trasformazione culturale e politica profonda.

Per arrivare a questo punto, è necessario che le istituzioni si impegnino a promuovere attivamente l'inclusione e la diversità in tutti i settori della vita pubblica e privata. Le leggi possono stabilire il quadro normativo, ma è la volontà collettiva a fare la differenza. Questo richiede un cambiamento nei valori sociali, che riconosca che la vera forza non sta nel mantenere le gerarchie tradizionali, ma nel costruire una società più giusta, in cui ogni individuo possa contribuire senza essere limitato dai pregiudizi di genere.

In questo nuovo sistema, gli uomini e le donne non devono più lottare per il potere, perché il potere stesso viene ridefinito: non come dominio su qualcuno, ma come la capacità di influenzare positivamente il mondo attorno a sé, insieme. Questo concetto di potere condiviso è alla base della nuova società che dobbiamo costruire, una società dove il genere non è più un vincolo, ma una risorsa che arricchisce la collettività.

Il patriarcato è stato il sistema dominante per troppo tempo. Se scegliamo di abbandonarlo, quale nuovo mondo possiamo creare? Un mondo in cui il potere non è definito dal genere, ma dalla capacità di costruire insieme un futuro più giusto e inclusivo?

"Il futuro oltre il patriarcato non è un sogno distante, ma una realtà che possiamo plasmare oggi, se abbiamo il coraggio di cambiare."

Il patriarcato è un sistema obsoleto che ha limitato il potenziale umano per troppo tempo. Per uomini e donne, la sua fine rappresenta non la perdita di potere, ma l'inizio di una nuova era di collaborazione, libertà e crescita reciproca.

Siamo a un bivio: possiamo continuare a perpetuare le dinamiche di conflitto che ci dividono, o possiamo scegliere di costruire una società in cui la collaborazione tra i generi diventi il fondamento di un nuovo ordine sociale, più giusto, equo e inclusivo. Questo significa abbandonare le vecchie dinamiche di potere e competizione che il patriarcato ha imposto, e abbracciare un futuro in cui ogni individuo può esprimere il proprio potenziale senza essere limitato da stereotipi o pregiudizi.

La fine del patriarcato non deve essere vista come un'utopia irraggiungibile, ma come una realtà che possiamo costruire passo dopo passo, attraverso azioni concrete e scelte collettive consapevoli. È un cambiamento che parte dalle piccole cose: dalla riforma delle nostre istituzioni, alla revisione delle nostre politiche pubbliche, fino alla trasformazione del nostro modo di relazionarci gli uni con gli altri nella vita quotidiana.

Questo processo richiede coraggio, perché implica mettere in discussione abitudini, convinzioni e strutture di potere consolidate da secoli. Ma richiede anche speranza, perché ci invita a immaginare un mondo dove la parità di genere non è solo un obiettivo da raggiungere, ma una nuova normalità in cui tutti, uomini e donne, possono prosperare insieme.

Le soluzioni concrete che abbiamo discusso – dall'educazione alla parità di genere, al coinvolgimento degli uomini nel dibattito, dalle politiche pubbliche per l'equità, fino alla riforma delle istituzioni e dei media – sono i primi passi verso questa trasformazione. Non si tratta di cambiare tutto dall'oggi al domani, ma di impegnarsi, a tutti i livelli, per fare in modo che ogni azione, ogni decisione, ci porti più vicini a un futuro più giusto.

"La fine del patriarcato segna l'inizio di un nuovo capitolo nella storia umana: un capitolo di giustizia, collaborazione e libertà per tutti, senza distinzioni di genere."